JN101057

KOREA SENSE

東山サリー

time to
relax

はじめましての方も、

いつもインスタグラムをご覧いただいている方も、

アンニョンハセヨ。

韓国でコーディネーター、ライターをしております、

東山サリーと申します。

私は2015年末、7年半ぶりに訪れたソウルで

劇的に韓国カフェにハマってしまい、

それから韓国全土のカフェを巡り、訪れたカフェは900軒超え。

ついには韓国に住むほどになってしまった韓国カフェヲタクなのですが、

カフェや雑貨店などの空間とインテリア、

お店の方の作りあげるセンスに、

よりハマったと言っても過言ではありません。

インテリアコーディネート、配色の品のよさ、

ミニマルなデザイン、甘さの中に潜む辛さ、

シンプルなセンス、ハンサムな女性たち。

特に心惹かれるのは、

欧州文化にインスパイアされた韓国の方が作る空間。

海外旅行好きや留学帰りの方が運営されているお店が多いからか、

欧州文化を巧みに消化し、絶妙な塩梅で世界観を作りあげているのですね。

行ったことがないけれどフランス大好き、

さらに1980年代に一世を風靡した雑誌『オリーブ』が打ち出した

リセエンヌに憧れている族からすると、たまらないものがあるのです。

ニュートロムーブメントの流れで、

ここ1〜2年で韓国ではファッションだけでなく、

家具やインテリア、雑貨のヴィンテージショップも続々と増えていて、

ますます街歩きが楽しくなっています。

OPen 11am
Close 7 pm
Sunday Off

010 2345 6789

HOME
SWEET
HOME

INTERIOR
FLOWERS
COFFEE
MON · SAT
11.00 · 19.00

また、韓国ではインテリアに対する関心が
ここ数年で急速に高まっているため、
魅力的なオンラインショップも山のようにあり、
一度開けば何か買わずにはいられない……もはやオンラインショッピング沼。

そんな韓国に住んでみて知ったもの、
使ってみてよかったもの、憧れているもの。
日本からは買えないものもありますが、
韓国暮らしの中で見つけた좋아!（好き）を、
本書ではたっぷり掲載しています。

なぜこんなにも韓国のセンスが好きなのか
自分でも説明できないのですが、
本書を通して「ネオコリア」のセンスを
紐解いていければいいなと思います。

プロローグ　2

本書の使い方　12

韓国で買い物するときの注意点　13

1 Home Interior

orer Archive　16

HPIX　18

NNN　20

chapter1　22

Samuel Smalls　23

ONE ORDINARY MANSION　24

TUFF　26

room ferment　28

Jackson chameleon　30

al thing　32

D&Department JEJU　34

Chez Nous à Paris　36

CAPET　38

GREEM HOTEL　39

LA COJET　40

Poetry n Space　42

4560designhaus　44

alon mansion　45

Studio Word / kitty bunny pony　46

kollekt　48

current brown　49

Jeegugonggan　50

Dr.HOWS　51

オヌルウィチブ today house　52

禹炳潤 woobyougyun　54

MO-NO-HA　56

INNO HOME　58

MARKET B 59

like a clay 60

NR CERAMICS 61

jiseungmin gonggi 62

Deokho Kim & Inhwa Lee 64

Thingool 66

POLA AT HOME 68

WYWH -Wish You Were Here- 70

NEOFLAM 72

TIME MORE 73

Column1 韓国インテリアってなんだ？ 74

2 Goods & Cafe item

ミリメーターミリグラム 78

geulwoll 80

shop grove. 81

amy table 82

t.t.a 83

HOCOO SHOP 84

you and wednesday 86

NICE WEATHER 88

Madame Gray 90

storage book and film 92

ARUMJIGI 93

rfm 94

FRENCH MANSIÔN 96

KioskKiosk 97

chaenchoi 98

neatty pretty 99

miss nylong 100

ARBEL 102

LIVING CREATOR 103

韓国カフェグッズコレクション　104

Column2 2年間の韓国生活を送ってみて　106

3 Fashion in Korea

UNLABELED COLLECTION　110

regular　112

SYSTEM　113

LOW CLASSIC　114

SAL THE & SMOKYALICE　116

UIJI　117

rornnii　118

voca vaca　120

SAPPUN　121

MOONDAL　122

STUDIO TOMBOY　124

& Other Stories　126

ARKET　127

NOTHING WRITTEN　128

and you　130

Maman et Fille　131

FEMINIQUE　132

Margelle de puits　134

Goldy Mama　135

YURT　136

Blossom H Company　137

Archivepke　138

HOUSE-J　140

BONJOUR PROJECT　142

by MALLEE　143

Soft Cabinets　144

GROVE　145

Colette 9　146

YUN seoul　148

ofr.seoul / mirabelle　150

onepound 152

Au REVOIR 153

益善ヴィンテージ 154

BARBERSHOP 155

depound 156

ANGELO BIANCO 158

rozley 159

BEAKER 160

10 Corso Como Seoul 162

Matin Kim 164

CONVERSE KR 165

CLOWNÉ 166

hinagiku / My Little Essentials 167

Column3 嗚呼。憧れの韓国ブランド……。 168

4 Korea Cafe People

Avecel / VER & VERVE オーナー ロジさん 172

SERVICE CENTER オーナー / クリエイティブディレクター ミンさん 174

空間デザイナー / 空間の記号代表 キム・ギソクさん 176

インテリアデザイナー / design studio CAA代表 クォン・エリさん 178

プロジェクトディレクター チョ・ナムインさん 180

Column4 韓国生活 is 沼だらけ! 182

韓国のお買い物お役立ちメモ 184

最近の韓国事情と便利なアプリ 186

韓国旅で困ったとき 188

もしものときの緊急連絡先 189

エピローグ 190

本書の使い方

カテゴリー

お店でメインに取り扱っているものの
カテゴリーを記しています。

*本書に掲載されている情報は2021年7月現在のものです。
店舗などの情報は変更となる場合があります。
*現在は新型コロナウイルス感染対策として、営業時間が短
縮されていたり、予約制となっているお店が多くなっていま
す。状況によって変更される可能性があります。

**オンラインショップの
QR**

オンラインショップがあるお
店は、QRを掲載しています。
読み取ってすぐにアクセス可
能です！

韓国で買い物するときの注意点

オフライン店舗

- 百貨店など大企業系列以外のお店は、訪問日に営業しているか、営業時間はどうか、お店の公式インスタグラムで確認をしてから行きましょう（韓国では、突然休みになっていることが多々あり、営業時間もよく変わります）。

- 支払いはカード（クレジットorデビット）が便利。現金決済は市場・屋台以外ではあまり見かけず、個人店だとお釣りがないことも。

- ショッピングバッグ・袋は基本有料。エコ意識が高まっているので、ビニール包装をしないお店も増えています。プレゼント包装はできないところがほとんど。

- アパレル店の場合、返品・交換は、未使用品に限り決められた期間内なら可能な店が多い。セール品や陶器、割れ物など商品によっては不可の場合もあります。会計の際にスタッフさんが返品交換について説明しているので、確認しておきましょう。

- 店員さんとの会話は基本韓国語、たまに英語。私の体感では、観光地にあるお店でも日本語が通じないところがほとんどなので、翻訳アプリで乗り切りましょう！

＊2021年7月現在、新型コロナウイルスの影響で、入店時にカカオトークでのQRチェックインが必須になっています（詳しくはP186へ）。訪店の際は詳細を調べてから行くのがベター。

オンラインショップ

- 韓国のオンラインショップは、見せ方がはちゃめちゃ匠。写真を可愛く撮るのも、ディレクションも本当に上手で、思わず買いたくなってしまう魅力を披露してくれるからこそ、もの選びの審美眼が必要。信頼できるショップを見つけたときの喜びときたら！ レビュー命の文化なので、レビューや実際の着用画をチェックすると、よりよいお買い物ができるはず。

- 海外配送可能な場合は、当然ですが海外配送料がかかる場合が多いです。

- 本書制作時は海外発送に対応していないお店も、のちのち海外配送を始める可能性があるので、気になるお店があったら公式インスタグラムをチェックしてみて。洋服は比較的海外対応される可能性高し。家具やインテリアなど関税が高いもの、素材的に輸出入が難しいものは、望みが薄いかも。

- World wide shippingをしているショップの場合、海外用ページは韓国現地と商品が異なる場合も。返品・交換などお店の規定は必ず確認を。トラブル防止になります。

＊実店舗がないところでも、ソウル市内のセレクトショップやPOP UPショップなどで販売していることがよくあるので、お店のインスタグラムで最新情報をチェックしてみてください。

KOREA SENSE part1

LET'S
stay
HOME

Home
Interior

ホームインテリア熱急上昇中の韓国。

家具、インテリアはもちろん、

ショップの空間まで素晴らしい!

ギャラリー感覚で訪れたいショップもご紹介します。

orer Archive

眺めているだけで目の正月。欲しいものがありすぎるので、たまにしか行かないように気をつけています。

選び抜かれた美しいアイテム。聖水(ソンス)で文化に触れる

2019年発売の『韓国カフェ巡り in ソウル』(小社刊) でも紹介した、聖水にあるカフェ or.er. のセレクトショップ。韓国人作家や日本人作家の陶器、ヴィンテージインテリア、京都のお香など、空間クリエイティブディレクターの代表がひとつひとつ選び抜いた美しいものが揃っています。天井、壁、床、韓国家屋のヴィンテージ感を生かした空間作りが天才的。古家具を使っていても全く古臭くなく、むしろ新鮮で現代的な印象に。P62で紹介している jiseungmin gonggi の食器も販売しています。静かにゆっくり過ごせるので、ついまどろんでしまう居心地のよさ。展示会が開かれることもあり、ギャラリーのようにも楽しめる聖水のカルチャースポットです。

買ってよかったもの　キム・ドンウァン(김동완)**作家の花瓶** 120000ウォン

お店のインスタグラムにアップされるや否や、すぐさま在庫を確認し、実物を見たくて一目散に店頭へ向かった一品。こんなときだけ行動が早いという声が各所から聞こえてきそうですが、それほど気になったのです。美しいガラスは見るたびに惚れ惚れするし、blowing技法による柔らかな曲線も、温かみある手触りも、太陽の光がガラスに反射し、美しい影を描いてくれるところも愛した。伝統的な韓国のフォルムの方はインテリアとして難易度が高そうだったので、すっと部屋に馴染んでくれそうな形のものを購入。大切に使いながら、少しずつ集めていきたい作家さんの作品です。

1階の奥にあるode to sweetは焼き菓子がとってもおいしくて、パッケージまで可愛いのでお土産にもおすすめ。小皿やグラスなど雑貨も可愛いです。

スタッフさんが親切なので、気になる商品があれば、尋ねてみて。丁寧に教えてくれます（韓国語、英語、少し日本語対応あり）。

orer Archive 오르에르 아카이브
住所　　　　ソウル特別市 城東区 練武場キル 18
　　　　　　　（서울특별시 성동구 연무장길 18）
営業時間　13：00-20：00
定休日　　月
Instagram　@orer.archive
online shop なし

HPIX

ハレの日に相応しいアイテムを探しに、結婚祝いを買いに来る人も多いのだそう。

ミュージアムのような美しい空間にどっぷり浸る

ネット社会かつオンラインショッピング、キャッシュレスが発達している韓国では、もはやオンラインで買えないものはないほどで、美しく撮られた写真に購買意欲を掻き立てられる。重い荷物を持つ必要もなく、時間をかけてお店に足を運ばずとも、十分楽しいお買い物ができる。そんな環境にあっても、わざわざ足を運びたい店がソウルは狎鴎亭ロデオエリア、烏山大路近くにある、デザイナーズインテリアショップHPIX。世界中から集められたアーティストたちの作品や有名デザイナーズ家具が美しく洗練された空間に並ぶ、まるでミュージアムのようなショップ。韓国人作家の陶器やアートも販売されているので、素敵なアーティストを知ることのできる場所でもあります。韓国の人たちが得意とする、無駄なものを削ぎ落としたミニマルなデザインや空間作りは、さすが。

買ってよかったもの

Lee Nuri さん (P61) 作・陶器のキャンドルホルダー （現在は販売終了）

優しく淡いベージュと滑らかな手触り、美しいフォルム。飽きのこない上品なデザインは、そっと陽が射すような温もりと静かな華やぎがあります。どこに置いても、すっと溶け込んでくれるアイテムです。

ここだけの話、私はインテリアショップというより、ギャラリー感覚で訪問しています。初めこそ「何も買えないのにすみません……」という気持ちで重い扉を開け、忍足で入店したものの、明らかに何も買えそうにない私にもとても親切に対応してくださり、すっかり心解けてしまったのです。どれだけ親切かというと、お店の中を案内してくださり、商品について説明までしてくださったほど（韓国語or英語対応）。よいものを知って欲しいという、スタッフさんたちのインテリア愛を感じるお店でもあります。

HPIX DOSAN 에이치픽스 도산점

住所	ソウル特別市 江南区 彦州路 736
	(서울특별시 강남구 언주로 736)
営業時間	12:00-19:00
定休日	日
Instagram	@hpix_official
online shop	http://m.hpix.co.kr/
海外発送	不可

NNN

韓国でエイドといえば、チャモン（グレープフルーツ）エイド！ どこで飲んでも、なんでこんなにおいしいんでしょう。この近くに住んでいたとき、インテリア通りのお店で購入したチェアをすぐに使いたくて、自力で持ち帰ったことがあります。徒歩15〜20分ほどの道のりですが、この辺りは坂道が多く、歩くほど重さがのしかかりながらも無事（?）に帰宅。椅子は二度と持って帰らないと誓った出来事です。

インテリア通りのライフスタイルショップ

江南区のインテリア通りに位置するNNNは、トータルデザイン＆ファニチャー macaroni penguinが手掛けるライフスタイルショップブランド。店頭では、自社でデザイン・製作した製品を中心に販売しており、収納小道具やキッチン用品など、シンプルで実用的なアイテムが揃います。カフェも併設されているので、お茶がてら雑貨をチェックすることもできるショップです。インテリア通りといっても、大型家具の受注販売や高級家具、浴室のリフォーム、タイル店などが多く、業者・プロ向け。目黒通りのインテリア通りとは雰囲気も内容も違うので、雰囲気は楽しめますが、雑貨やインテリアをたくさん買いたい！ という方には不向きかも。NNNはお手頃価格のカトラリーや可愛い花瓶など、持ち帰ることのできるサイズ感のアイテムが多いところもよいのです。

買ってよかったもの

木製キッチン用品（スプーンと箸セット）

1セット4500ウォン

軽くて使いやすそうと、何の気なしに購入。韓国生活
ではマンドゥ、チゲ、ラーメン、わかめスープなど熱々
の汁物を食べる機会が多いので、大活躍中。

muhe AIR CLEANER 200ml

13000ウォン

一吹きで気分も空気もリフレッシュできる
muheのエアクリーナーは、見せる収納も
OKなパッケージ。環境に優しいところも
気分よし。

NNN 엔엔엔

住所	ソウル特別市 江南区 鶴洞路 158
	(서울특별시 강남구 학동로 158)
営業時間	11:00-18:00
定休日	土日
Instagram	@nnn_house
online shop	https://n-3.co.kr/
海外発送	不可

chapter1

こだわり抜かれた
ライフスタイル雑貨たち

洗練されたハイライフスタイルショップchapter1が、複合商業施設「GOURMET494 漢南（ゴメイサグサ）（ハンナム）」にも入店。この隣にそびえるのは、韓国の人気歌手や俳優、セレブが住むといわれる超高級アパート・ナインワン漢南（日本でいう高級マンション。価格は軽く5億円超えだとか）だけに、ハイエンドなショッピングとグルメを楽しめる場所です。chapter1には暮らしにまつわる美しいインテリアや雑貨、ウェアがずらり。落ち着いたシックな部屋を作りたい方におすすめです。結婚祝いのプレゼントをここで買うことも多く、重宝しています。

買ってよかったもの

ウィングオーバルプレート BLUE (M)
62000ウォン

jiseungmin gonggi × chapter1 リミテッドエディションは、目が覚めるような清々しいインディゴブルー。伝統的な韓国の青色のようにも見えるし、済州島（チェジュ）の海をもっと深くしたような独特な色味。この青色を出すために様々な釉薬を組み合わせ、理想の色・彩度・質感に辿り着くまでに3ヶ月ほどかかったそう。果物を置いただけでも絵になるので、キッチンやリビングのテーブルに置いたままにしても。

chapter 1 챕터원 한남 (HANNAM)

住所	ソウル特別市 龍山区 漢南大路 91 GOURMET494 漢南 B1
	(서울특별시 용산구 한남대로 91 고메이494 한남 B1)
営業時間	10:30-20:00
定休日	なし
Instagram	@chapter1_hannam
online shop	http://www.chapterone.kr/
海外発送	不可

Samuel Smalls

ひっそり佇む
ヴィンテージ好きの聖地

ソウルでのヴィンテージインテリア人気の火付け役となったお店だと思っているSamuel Smalls。聖水はオフィステルの地下にあり、知る人ぞ知るというより、知っている人しか行くことのできない隠れ家的ショップ。オーナーが世界各国から集めたヴィンテージインテリアと、現代的にディレクションされたポップでレトロモダンな空間は、冒険心をくすぐるかっこよさ。初めて伺ったときは、彼女の趣味のよさにひとり興奮した記憶が。

今年2月にオープンした韓国最大規模のデパート・THE現代ソウルの地下にも入店！こちらのシグネチャーアイテムであるコンセントは、ソウルのカフェで使われている姿もしばしば見かけます。

憧れのもの

売り物ではなく断念したけれど、オーナーが昔日本で購入したというDepartment56のカップに一目惚れ。

Samuel Smalls 사무엘 스몰즈

住所	ソウル特別市 城東区 練武場5ガキル25 SKV1 tower B108号 (서울특별시 성동구 연무장5가길 25 SKV1 tower B108호)
営業時間	11:00-18:30(12:30-14:00は休み、土は-19:30) ＊月ごとに変更あり。インスタグラムを確認
定休日	火
Instagram	@samuel_smalls_
online shop	https://m.samuelsmalls.co.kr/product/list.html?cate_no=44
海外発送	不可

ONE ORDINARY MANSION

経済的な動線を重要視し、スロープはル・コルビュジエ建築的散策空間をイメージ。所在地は江南区ですが、ソウル中心部からはだいぶ距離があるため、時間に余裕があるときの訪問がおすすめ。最寄り駅はソウル南部の水西駅（スソ）。蚕室（チャムシル）や城南市（ソンナムシ）と比較的近く、高速鉄道SRTの駅でもあります。

キュートな看板猫ヌルンジがお出迎え

閑静な住宅街に建つ、豪奢な邸宅の真っ青な扉を開けると、そこは別世界。1960年代のグンニ・オマンのサイドボードやハーマンミラー、アルネ・ヤコブセンのテーブル、チャールズ＆レイ・イームズなど、ミッドセンチュリーデザインを代表する家具を中心に、ヘリット・リートフェルト「赤と青の椅子」など、デザイナーズヴィンテージ家具を心ゆくまで堪能できます。天井は高く、まるで美術館のような空間に、名作家具たちがひとつひとつ美しく、置かれるべき場所にきちんと収まり静かに魅力を放っています。オーナーであるイ・アヨンさん、キム・ソンミンさんご夫妻が家具を集め、空間ディレクションも行なっているのだそう。奥のキッチンスペースまでもが完璧な美しさ。こんなモダンな名作家具が似合う別荘のような家に住んでみたいと、憧れと妄想で溶けてしまいそう。

憧れのもの　デンマーク製のヴィンテージデスク　1200000ウォン

デザインも色味も、すべてが結婚してください！と言ってしまいそうなほどタイプ。こんな素晴らしい机で仕事ができたら、すごく上等な文章を書けるはず（どうしても形から入るタイプ。しかも物に頼る）。気分だけは大物作家。手紙や日記を書きたくなりそう。やっぱり北欧家具は、ツボなものが多い。

せっかくここまで来たのなら、少しだけ足を伸ばせば行ける「植物館PH（@sikmulgwan.seoul）」も覗いてみるといいかも。開放感たっぷりの温室のような空間で、植物に癒されながらゆったりお茶もできます。バス3425番で20分ほど、タクシーなら10分ほどで到着。

ONE ORDINARY MANSION 원오디너리맨션

住所	ソウル特別市 江南区 紫谷路 7 ギル 24 （서울특별시 강남구 자곡로7길 24 ）
営業時間	10:00-18:00（水曜のみ 10:00-20:00） ＊要予約
定休日	なし
Instagram	@oneordinarymansion
online shop	なし

TUFF

大学で建築学を学び、アパレルの仕事をしていた店主のイ・ジュンウさんは、穏やかで優しいお人柄。インテリアの相談など気軽にしてみて。

東大門(トンデムン)近くにあるヴィンテージチェア専門店

2017年にスタートした、ヴィンテージチェアを中心に扱うインテリアショップTUFF。1階は新作アイテムやコラボ企画など独自のプロジェクトを行う場で、2階ではヴィンテージチェアを販売しています。オランダの前衛芸術運動「デ・ステイル(De Stijl)」にインスピレーション受け、セレクトしているのだそう。デ・ステイルはフォルムと色の要素をできるだけ減らした純粋な抽象芸術性と、幅広く受け入れられる客観的で普遍的な作品を追求した新造形主義。TUFFに集められた椅子も、ミニマルでシンプル、長く暮らしを共にしたい普遍的なデザインなので、生活に取り入れやすいアイテムばかり。肩肘張らず、ヴィンテージチェアを満喫できるショップです。椅子ならしっかり梱包して、なんとか持って帰れますし、ね!?

憧れのもの

marko chair 187000ウォン

この、美しいフォルム。一瞬、小学生時代を
思い起こすノスタルジックなデザイン。滑ら
かに描かれたフォルムと安定感たっぷりの
座り心地。大学路（テハンノ）にあるカフェ・キイロに似
合いそうなヴィンテージチェア。一目惚れし
て、本当に本当に欲しいのですが、今住んで
いる家には合いそうになく、悩ましい日々を
送っています。

1階に飾られているポスターはDrivin（@
drivin.kr）、椅子はアメリカ・カリフォルニアで
作られているMODERNICAのもの。

チェアの値段はタグの裏側にあります
（180000ウォンほど〜）。ブランド、作家名など
が英語で書かれているので、韓国語がわから
なくても大丈夫。

TUFF タフ	
住所	ソウル特別市 中区 奨忠壇路6キル 10
	（서울특별시 중구 장충단로6길 10）
営業時間	13:00-20:00
定休日	日〜水
Instagram	@tuffstudio
online shop	http://www.tuff.kr/index.html
海外発送	不可

room ferment

暮らしに楽しみをくれるインテリア

高速バスターミナルにほど近い、閑静な住宅街に佇む煉瓦造りの建物。穏やかなご夫婦が営むセレクトショップroom fermentでは、デンマークの首都・コペンハーゲンでスタートしたデザインスタジオ Studio Arhoj の陶器や、1898年に日本橋で創業した老舗創作竹芸品メーカー 公長齋小菅のトレー、アメリカの Slowdown Studio のブランケットなど、世界各国からセレクトされたセンスフルなインテリアが並びます。空間作りのセンスのよさにうっとりしながらも、オーナーたちの人柄が現れている、どこか温かみのあるプロダクトが集まっているところにホッとするショップです。

買ってよかったもの **PEN HOLDER by Studio Arhoj** 48000ウォン

デンマークのStudio Arhojで作られている陶器のペンホルダー。ひとつひとつ色味が違うので、気に入ったものがあれば即購入することをおすすめします。どの色も綺麗でそれぞれに味があり、迷いに迷ったものの、最終的にレジ横で使われていた淡いクリームイエローとピンク、乳白色のカラーに決定！デスクに置いていると、見るたびにやけてしまう可愛いさ。

デザイナーを内部に置かず、外部のデザイナーとシーズンごとにコラボレーションしているアメリカのブランドSlowdown Studio。伺ったときにかかっていたのは、デザイナー・Kian Mosharaf氏とコラボしたテキスタイル。シーズンが終わってしまうと二度と買えないので、もはやアートに近いのでは。メーカーとデザイナーの共存を維持するためにも望ましく、消費者にとっても毎シーズンそれぞれ違うデザインとパターンを楽しむことができるという、win-winスタイル。壁にかけたり床に敷いたり、ソファにかけたりするだけで、お気に入りの空間に変身しそう。

room ferment 룸퍼멘트
住所　　　ソウル特別市 瑞草区 東光路39キル 46
　　　　　　（서울특별시 서초구 동광로39길 46）
営業時間　12:00-19:00
定休日　　日月祝
Instagram　@room_ferment
online shop　http://room-ferment.com/
海外発送　不可

Jackson chameleon

ショールームはものづくりの街、聖水に。老舗の靴専門
店も多く、東京・蔵前と少し似た雰囲気があるかも。

"新しい調和"を追求するブランド

2014年に韓国で立ち上げられた、コンテンポラリー家具ブランドJackson chameleon。
実用性を重視する方のためには、手入れが楽なファブリックを使用したソファ、清潔感
を大切にしたい方のためには洗濯可能なカバーつきのソファ、小さなスペースでも存在
感のあるオブジェのような役割をするソファなど、使用する空間や用途ごとに異なるデ
ザインを施し、コンセプトに沿った多種多様なソファが魅力。昨年から家で過ごす時間
が増えたこともあり、インテリアに凝りだす人が以前に比べ増えている韓国。素敵なお部
屋に住んでいる人たちは、ほぼこちらのソファを持っているんじゃ？ と思うくらい人気。
価格はひとり用サイズのソファが50万ウォン台〜と、ピンからキリまで。身体が沈みき
らず、硬くもなく、抜群の座り心地でGo to Heaven。

憧れのもの　**Pebble**　<u>1140000ウォン</u>

Pebbleシリーズの丸みを帯びた柔らかなフォルムと、近未来感ある洗練されたデザインが大好き。上品なピンクのミニソファは、映画『EMMA エマ』『マリー・アントワネット』のような色彩感をエッセンスとして取り入れることができそうで、非常に欲しい。夢の壁一面本棚部屋に置いてお茶兼読書タイムを楽しみたい、憧れのソファ。

1階にあるカフェContempoでは、Jackson chameleonのソファを使用し、内装もソファの種類も定期的にチェンジ。座り心地が最高で、身体も心もゆるゆると解きほぐれる。本書の原稿も、撮影終わりにこちらで執筆していたのですが、眠気がすごい。仕事の打ち合わせには圧倒的、不利……! だらっとしたいときに、どうぞ。

斬新に映るけど、親しみやすくどこか馴染みのある家具。人とは違うインテリアを求めている人のためのブランドです。

Jackson chameleon 잭슨카멜레온

住所	ソウル特別市 城東区 練武場キル 7-1 (서울특별시 성동구 연무장길 7-1)
営業時間	11:30-19:00 ＊毎月最終金曜は18:00まで
定休日	月
Instagram	@jacksonchameleon
online shop	https://jacksonchameleon.co.kr/
海外発送	不可

al thing

レストランのブレイクタイム中はお店が閉まっているように見えますが、2階は開いているので躊躇せず扉を開けて大丈夫。

ひっそり静かに佇むライフスタイルショップ

合井（ハプチョン）の喧騒から離れた、静かな住宅街にひっそりと佇む邸宅がal thing。1階はレストラン、2階はライフスタイルショップと、ご姉弟で運営されているお店で、自社で製作しているオリジナルアイテムもセレクトアイテムも、素敵なものがたくさん。日差しが燦々と注ぎ込む心地よい空間で、ゆっくりとアクセサリーや雑貨、洋服をチェックしながら、気まぐれに現れる看板猫ハルちゃんと戯れたり、下のレストランから漂ってくるおいしそうな匂いにお腹を空かせたり。こぢんまりとした空間なのに、お店の名前通り、ぎゅっと暮らしのあれこれが詰まった場所。旅行中はいくら時間があっても足りないから、食事もショッピングも一度に満喫できるところも嬉しい。you and wednesday（P86）とのコラボシリーズは、ノスタルジックな愛おしさがたっぷり。

買ってよかったもの **Ma Journée HALF ZIP-UP MTM／NAVY**
79000ウォン

Ma Journéeとコラボしたリミテッドエディション。『恋のスケッチ〜応答せよ1988〜』を彷彿とさせるレトロなジャージ！ 着丈が短く、両裾に入っているカッティングもアジュ・ナイス！ 着用すると立体感が生まれて、ゆるっとカジュアルになりすぎないので、大人が着てもだらしなく見えないところもよし。賢く見える（気がする）ネイビーをセレクト。ネットに入れれば洗濯機で洗えるところもさらによし。30%offのSALE期間中に、55300ウォンでゲット。

試着はボトムスと、チャックで開けるタイプのワンピースのみ可能。

韓国ではピアスのこともイヤリングというので、ご注意を。「これはイヤリングですか？」とスタッフの方に聞くと、それがピアスでも「イヤリングです」と言われる確率高し。大体のものは見ればわかるんですけどね。

al thing 얼띵

住所　　 ソウル特別市 麻浦区 土亭路5キル22 2F
　　　　　（서울특별시 마포구 토정로5길 22 2F）
営業時間　13:00-19:00
定休日　　土日祝
Instagram　@al_thing
online shop　https://al-thing.com
海外発送　不可

D&Department JEJU

インテリアの配置、色の重ね方、食器の収納方法など、部屋作りの参考になることが詰まった客室。もちろんこの後、D&Dでのお買い物計画を練りました。

「ロングライフデザイン」を体感できるホテルステイ

旅行で宿泊したD&Department JEJU by ARARIOのホテル・d roomが素晴らしすぎて、あらためてデザイナー・ナガオカケンメイさんの審美眼と、D&Dのプロダクトの虜に。客室にはすべてD&Dの商品が使われており、このままここに住みたい……と切に願ったものです。生活に無駄なものがなく、必要なものだけが正しい場所にある。快適で気の利いた住まいとは、こんなにもストレスがないんだなと感動。シングルルームで一泊15万ウォン〜（初回は年会費5万ウォンがプラスされます）と安くはないけれど、「ロングライフデザイン」を体感できる素晴らしい空間。朝食も素晴らしく、済州で穫れた果物や野菜、ハムなど、地産地消のおいしい料理をいただけます。宿泊客専用ロビーでは、好きな音楽を聴きながらコーヒーが飲めて、仕事をするにも最適。

買ってよかったもの

その土地ならではのものづくりや名産品を紹介してくれるD&D。せっかくなので"済州セレクション"から購入。1980年から済州で製作されている木皿と、済州の玄武岩を使った伝統の石工芸「トルハルバン」を40年以上作り続けている、イ・チャングンさんと共同開発した、済州店オリジナルの「d」オブジェロゴ。どれも、ひとつひとつ色合いや風合い、木皿は木目の柄も違うので、じっくり吟味し選びました。海底火山の噴火で、溶岩が固まってできた済州島。最も済州らしいもののひとつである玄武岩を使ったトルハルバンは、済州島の守護神ともされていて、島内の至る所で見かけます。

アルムナム
아름남(アルムナム) の木皿 (S)
11200ウォン

玄武岩のdオブジェロゴ
22000ウォン

済州国際空港からタクシーで15分ほどという好立地も、観光客には嬉しい。またホテルに宿泊すると、隣にあるARARIO MUSEUMの観覧チケットが貰えます。

D&Department JEJU 디앤디파트먼트 제주

住所	済州特別自治道 済州市 塔東路2ギル3 (제주특별자치도 제주시 탑동로2길 3)
営業時間	11:00-19:00
定休日	毎月最終水曜
Instagram	@d_d_jeju
online shop	なし

木皿はニスで仕上げていないため、汚れに気をつけることと、水洗いしたときはすぐに乾かすことが重要。しっかりお手入れしながら、長く使いたい。

Chez Nous à Paris

憧れのパリを感じる寝具

パリ。行ったことないけど、ファッションもインテリアも暮らしの風景も、大大大好きな街。憧れのパリ。エミリー・イン・パリ！ サリー・イン・ソウル！ そんなパリを思い起こさせるカラーバリエーションと、素朴で温かみあるテキスタイルの布団・枕・クッションカバーが集うオンラインショップ。家ごもり時間が増えてから、部屋の広範囲を占め、かつ毎日使う寝具は、思いっきり好きな色と柄で整えたいモードに。まず取り掛かったマットレスカバーは色味が好きすぎて、全色揃えてローテーションで替えていきたいところ……でしたが、10万円ほどかかってしまうため断念。そんな中Pick meしたのはPeach Beige。家にいれば、嫌でも目に入ってくる寝具。今はほんのりくすんだコーラルピンクが可愛すぎて、毎日口角が上がっています。コットンの肌触りも、気持ちいいー！

買ってよかったもの **Solid Cotton Cover マットレスカバー** 119000ウォン

Cotton100% / 150×200cm（高さ 10-30cm）

肌が弱いので、寝具も寝間着もコットン100%またはシルク混紡のみと決めています。こちらのマットレスカバーは40・60の2種類から選べ、数字が大きくなるほど糸が細くなり、ふわふわとした肌触りに。40は寝具やカーテンなどの小物に使用。60は軽くてシルキー。高級寝具やホテルの寝具に使用され、透け感がほどよく通気性も高い柔らかい肌触りのもの。私はホテルの寝具が苦手で、綿のパリッとした質感が好きなので40を購入。洗濯機で洗えるのも快適。

今回、パリっぽい場所で撮影をしなければ! と気合を入れてスタジオをレンタルしたところ、まさかの、こちらのショップが撮影に使っているスタジオだったという引き寄せを発揮してしまいました。アルゴリズム……。

冒頭の言葉は、大好きな山内マリコさんの本『パリ行ったことないの』（CCCメディアハウス刊）のオマージュ。丘パリジェンヌとしても楽しめ、元気の出る一冊。

Chez Nous à Paris 쉐누아파리
実店舗　　なし
Instagram　@chez_nous_a.paris
online shop　http://www.cheznousaparis.com/
海外発送　可

CAPET

望遠洞のカフェ＆ <ruby>望遠洞<rt>マン ウォン ドン</rt></ruby>のカフェ＆ ヴィンテージショップ

ミッドセンチュリーな空間が魅力のカフェ、CAPETの2階に、ヴィンテージショップがオープン。カフェ兼ショップなので、可愛いインテリアに囲まれてお茶できる。店主がセレクトしたインテリアをカフェで使っていると、小物や什器を購入したい！というお客さんの声が増え、インテリアの販売もスタート。1970〜80年代の製品を中心に輸入し、すべて自身で空間ディスプレイしているのだそう。韓国カフェの店主さんたちって、なんでこんなに空間センスが最高なんでしょう。

憧れのもの

ドイツ製のミラー
1000000ウォン強

フロムドイツの鏡は、縁に氷のような飾りが散らばっていて、初めて知る可愛さ！照明としても使えるし、部屋に置いたら絶対に可愛い♡と勇んでお値段を聞くと10万円超え。ハートブレイカー。いつか私が買えるときまで、どうか誰にも売れずにいて欲しいと願ってしまう小さな心なのでした。

近頃やたらとソウルのカフェで見かける、グミのようなクマ。シュールさ60％、可愛さ40％。

韓国でじわじわと人気浸透中！ケーブル用のアクセサリー。写真はBLESSの延長コード。

CAPET 카펫

住所	ソウル特別市 麻浦区 東橋路9キル72 2F (서울특별시 마포구 동교로9길 72 2F)
営業時間	11：30-22：00
定休日	なし
Instagram	@capet_mangwon
online shop	なし

＊NO KIDS

GREEM HOTEL

ニュートロ感たっぷり
テキスタイル

懐かしさを覚えるレトロなテキスタイルが魅力！キッチュで可愛いイブル（韓国発祥の布団）や、生活雑貨を製作・販売しているGREEM HOTEL。ソウルの森にあるキュレーションストア Project Rentで、POP UPをしていたときにたまたま見つけ、吸い込まれるように入店。気づけば、可愛い枕カバーを買っていました。イブルは、日本なら春夏用の掛け布団にぴったりな生地感ですが、韓国は極寒でも家の中はオンドル（床暖房）で暖かいので、一年中イブルでも割と大丈夫（冬も、家では半袖の人も多いほど）。オンラインショップでの販売のみですが、時折POP UPを開催することもあり、毎回テーマに沿った魅力たっぷりの空間を展開しています。

買ってよかったもの

マカロンチェック枕カバー
21000ウォン

数年前から韓国で流行中のニュートロ。カフェやバーだけでなく、インテリアや雑貨にもじわじわと浸透中。滑らかで艶のある肌触りも気持ちいい！裏地に中綿が入っていて、適度な硬さがあるところに作り手の優しさを感じます。Project Rentはいつも面白い展示をしているので、こまめにチェック。この並びにあるmesh coffeeでコーヒーをテイクアウトして、ソウルの森を散歩する時間が大好き。

GREEM HOTEL グリム호텔
実店舗 なし
Instagram @greemhotel @greemhotel.jp（日本公式）
online shop http://greemhotel.com/
海外発送 可

LA COJET

LA COJETの展示を見ている
と、わくわくして、プロダク
トに対する愛着が爆発。

POP UPを待つ時間すらも小さな幸せに

5ヶ月ほどの準備期間を経て、1年に数回POP UPを開催しているLA COJET。イタリア・
ミラノでファッションデザインを勉強し、15年間イタリアのファッション会社でデザイ
ナー・ディレクターとして働いてきた店主が、自ら空間デザイン＆スタイリングを手掛け、
コンセプトに沿った様々な製品を紹介しています。そのセレクトと空間作りの素晴らしさ
から、毎回心待ちにしている企画のひとつ。2017年11月から始まったこのプロジェク
ト、毎回大盛況なのになぜPOP UPにこだわるのかと尋ねたところ、「いろんな街を旅し
ながらアイデアを得て、新しいことを想像するときのときめきと明るいエネルギーを、展
示を見てくださる方にそのまま伝えたくて」と店主。日常に小さなときめきや、よい影響
を与える存在でいたいのだそう。私ももちろんいつもときめき、いただいてます。

憧れのもの　ヴィンテージチェア

漆黒のフレームと美しいフォルムに惹かれ、買いたかったけれど、すでにSold out。本当に美しい椅子でした……。これだから、ヴィンテージってエモいんですよね。特に必要もないのに、椅子ってなんでこんなに欲しくなるんでしょう。

POP UPのコンセプトを決め、それから場所、そしてアートピースを集めてリフォーム作業をスタート。準備の様子をインスタグラムで共有することで、見ている人たちの想像を膨らませ、開催を待っている時間も楽しいものにして欲しいのだそう。

LA COJET 라꼬제

実店舗	なし 期間限定POP UPを定期的に開催するため、インスタグラムを確認
Instagram	@la_cojet
online shop	なし

＊掲載している写真は、すべて2020年6月にソウル・西村（ソチョン）にある無目的ビルで開催された展示「Nomad Salon」の様子。

Poetry n Space

モットーは Slow steady。ゆっくり流れる日常を大切に

ライフスタイルブランド Poetry n Space は、詩（poetry）と空間（space）の合成語で、ロマンが込められた空間を意味するのだそう。空間に力を与える、美しく実用的なオブジェとして存在し、誰かの空間で黙々と長い時間を共にして欲しいという想いで、ひとつひとつ手作業で製作されています。映画『ストーリー・オブ・マイライフ／わたしの若草物語』好きな私は、「え、これは若草物語でジョーが使っていそうでは……」と胸の高鳴りを抑えきれず、購入ボタンを思いきりプッシュ！ ランプを灯して手紙を書きたくなるような、ロマン溢れる時間を過ごせそう。ちなみに、『ストーリー・オブ・マイライフ』は韓国の大人女子たちの間でも大人気の映画ですが、ストーリーはもとより世界観も人気の要因なようです。

買ってよかったもの　**Keep paper** 99000ウォン

基本の本体ボックスと4つの引き出しで構成されているKeep paper。引き出しは必要な分だけ追加し（1つ16000ウォン）、用途に合わせた使い方ができます。横でも縦でも、自分好みにトランスフォームして使うことができる家具。私は引き出しを1つだけ購入し、机上の小物をまとめたり、本棚として使ったりしています。このボックスにお似合いのレトロな机まで欲しくなっているこの頃。インテリア沼は終わりがないから怖いですね。

せっかく雰囲気のある、美しいボックスがあるんだから、できるだけ机上を散らかしっぱなしにしないでおこうと気をつけるようになりました。……気をつけてはいます。

Poetry n Space 포에트리 앤 스페이스
実店舗　　　なし
Instagram　@poetrynspace
online shop　https://poetrynspace.kr/
海外発送　　不可

4560designhaus

眺めるだけで幸せな
憧れのBRAUNギャラリー

江南区よりさらに南に位置する場所にあるスタジオ兼カフェ。ヴィンテージのBRAUN製品が豪華絢爛にディスプレイされていて、夢のBRAUNオーディオデッキも……。このままこっそり、ここに住んでしまおうか？　と不法侵入上等な気持ちに。恥ずかしながらBRAUNと聞くと、髭剃りという印象が強く、韓国に来てからこんな素敵なものを作っていたの!?!　と感嘆。買うことはできないけれど、部屋作りの参考に眺めているだけでも幸せな空間。夢のBRAUNオーディオを買える日はいつ!?!（お前のビッグな夢は何!?　な感じでお願いします）

電化製品はあくまで展示で、購入不可。お茶をしながらギャラリーとして楽しむ場所。カフェはケーキとコーヒーで18000ウォン。インテリアスペースの観覧料金も含まれているコーヒー価格なので、割と高価ですが、この空間代だと思えばなんのその。

4560designhaus 4560 디자인하우스
住所　ソウル特別市 瑞草区 梅軒路 16 ハイブランド 3F
（서울특별시 서초구 매헌로 16 하이브랜드 3층）
営業時間　11:00-21:00
定休日　月
Instagram　@4560designhaus
online shop　なし

alon mansion

自社デザイナーたちが韓国でデザインし、インドネシアで制作。基本的に大型家具は海外配送不可。サイズが比較的小さく、材質的にも可能な場合は、稀にできるものもあるそうなので、要相談。

"ホカンス"気分を味わえる
ナチュラルなインテリア

好きなインテリアのテイストがたくさんあるがゆえに、統一性のない部屋なのが悩みのタネだけれど、こんなリゾート感溢れるナチュラルなインテリアもやっぱり大好き。心がほどけるような、リラックスした時間を過ごせる上質な家具が揃うalon mansion。友人を招いて食事会が開けそうな重厚感ある大きなテーブルや、寝室にこんな素敵なベッドを置きたい！ と願っている、ゆったりとくつろげそうなラタンのベッド（さらに、ラタンのブックチェストを隣に置きたい）。海外のインテリア雑誌に出てくるような、はたまたリゾート地のハイエンドヴィラに来たかのようなショールームもとっても素敵。癒しの時間をくれる空間です。

このまま、ここに住んでもいいですか？ と聞いてしまったほど。

買ってよかったもの

Maren Rattan Chair 455000ウォン

実は私が買ったのではなく、一緒に暮らしている友人が購入したもの。高さや座り心地、意外に広く使えるスペースも快適。何よりこの緩やかな丸みを帯びたラインとフォルムが可愛らしくて素敵。ラタンの背に寄りかかってアイスコーヒーを飲みながら、ひとり本を読む時間は至福。

alon mansion 알론맨션

住所	ソウル特別市 江南区 江南大路146 キル7-9
	(서울특별시 강남구 강남대로146길 7-9)
営業時間	ショールームは予約制、DMまたは電話にて確認
定休日	＊営業時間と同様
Instagram	@alon_mansion
online shop	https://alon-mansion.com
海外発送	ほぼ不可・要相談

45

Studio Word ／ kitty bunny pony

思っていた以上にすんなりと
部屋に収まってくれた、癒し
のワルツ（枕カバー）。

余白のあるミニマルなデザインが素敵

ソウルとヨーロッパを中心にグラッフィック、家具、商品・空間デザイン分野で活動している Studio Word（@studio__word）。デザイナーであるチョ・ギュヒョンさんとチョイ・ジョンさんが共同で運営しているプロジェクトです。伝統と現代に対する包括的な解釈と、創造的かつ使い勝手のいいデザインを手掛けている二人が生み出す空間・プロダクトには、韓国の伝統美と現代的なミニマルさを混ぜて分解したような、独特の美しさがあります。日本でも人気の高いテキスタイルブランド kitty bunny pony とのコラボ「ワルツ」は、特有のリズムと柔らかな旋律を、丸い波、螺旋などが踊るように手描きした不思議な柄。計算して余白を作っているので、優雅ながらも軽快な印象を与えてくれます。

買ってよかったもの **Waltz Pillowcase by Studio Word** 1枚28000ウォン

kitty bunny pony と Studio Word がコラボしたピローケース。枕カバーなら気軽に取り替えることができるので、小花柄、チェックなどの柄物をよく取り入れています。このテキスタイルを初めて見たとき、不思議と心惹かれ、布団カバーと迷いながらも、まずは面積の小さい枕カバーを購入。パリッとした布地と、ゆるゆると踊る線がなんともリラックスできて、心地よく眠れます。

以前、エディターの青木良文さんが枕カバーを毎日替えるととても気分よく過ごせると Podcast で仰っていて、早速実践。気分までパリッと張りが出るようで本当に気持ちいい! マメに洗濯して、使い回しています。

kitty bunny pony

日本人観光客にも人気のブランド。ショップには、オリジナルテキスタイルで作られたポーチやクッションカバー、布団カバー、カーテンなど色鮮やかなアイテムがたくさん。布の量り売りもしているので、手縫い仕事が好きな方にもおすすめ。

Netflix で配信中の『ヘッドスペースの瞑想ガイド』を流しながら眠りにつくと、さらに快眠。気づいたら寝落ちしています。

kitty bunny pony ソウル キティバニ포니 서울

住所	ソウル特別市 麻浦区 ワールドカップ路5キル33-16 (서울특별시 마포구 월드컵로5길 33-16)
営業時間	11:00-19:00
定休日	月祝
Instagram	@kittybunnypony
online shop	http://jp.kittybunnypony.com
海外発送	可・日本語対応あり (一部海外対応していない商品あり)

kollekt

素敵なヴィンテージ家具が見つかるショップ

ソウルではカフェやスタジオなど、あらゆる場所で頻繁にイベントが開催されているので、旬な催しが開催されている場所はこまめにインスタをチェック。こちらもそんな場所のひとつ。以前、Weekly Cabinet という POP UP ショップで見かけて知ったお店です。素敵なものを「コレクト」したいという意味が名前に込められているように、1950〜60年代のものを中心に目の保養になるクラシカルなヴィンテージデザイナーズ家具が揃っています。

元々はヴィンテージショップのコンサルティングや空間インテリアのサポートを行う会社でしたが、仕事で必要なヴィンテージ家具のスタイリングをできる会社がなかったため、自分たちで始めたことがお店を開くきっかけに。定期的に POP UP も開催しているのでインスタを確認してみて。

kollekt 汝矣島店 컬렉트 여의도점

住所	ソウル特別市 永登浦区 汝矣島路108,THE 現代 地下2階 (서울특별시 영등포구 여의대로 108)
営業時間	10:30-20:00（金土日は20:30まで）
定休日	THE 現代の休館日に準ずる
Instagram	@kollekt.seoul
online shop	なし

current brown

韓国カフェのような
部屋に……！

ここ数年、韓国で人気のBauhausや、David Hockneyをはじめ、韓国カフェやインテリアショップにディスプレイされているようなアイテムを購入できるカフェ兼アートショップ。ポスターやポストカード、ディスプレイ用の本などは、お土産にもいいかも。以前、ソウル市立美術館で開催されていたDavid Hockneyの展示が素晴らしくて、私もすっかり虜に。ポスターは額縁とセットで、A3サイズ40000ウォン、A2サイズ60000ウォン、50×70cm80000ウォン〜。

買ってよかったもの

ポスター A2　78000ウォン

ソウル最北部にある大好きなカフェ、ooffee coffeeで見かけたポスター。とても気に入って、欲しいな〜と思っていたら、翌日友達がcurrent brownで買ってきたという引き寄せを発揮。幸せなアルゴリズムしてしまった出来事でした。

current brown 커런트브라운
住所　　　ソウル特別市
　　　　　　松坡区 良才大路66 キル43 1階
　　　　　　(서울특별시 송파구 양재대로66길 43 1층)
営業時間　10:00-21:00
定休日　　なし
Instagram　@currentbrown
online shop https://smartstore.naver.com/currentbrown
海外発送　不可

49

Jeegugonggan

スツールやクッション、ナプキンなどの甘いテキスタイルが可愛い。アメリカやタイ、日本から輸入しているパステルカラーのカラフルな食器や、ラブリーなオリジナルアイテムが揃う。

ニュートロ感溢れる
レトロファンシーアイテム

小学生の頃、クラスメイトのお母さんに、ピンクハウスフリークな人がいた。もうずいぶん昔のことなのに覚えているということは、それだけインパクトがあったのでしょう。ここには、あの時代のピンクハウスを思い起こすような、テディベア柄のラブリーなオリジナルファブリックや輸入物のカラフルな雑貨など、可愛いグッズがたくさん！子どもの頃は母親の方針でキャラものの服とは縁がなく、ファンシーなものへの憧れもなかったのに、ここにきて突然、昭和感溢れるファンシーアイテムにキュンとするように。

買ってよかったもの

ベア座布団（Yellow）　21900ウォン

昨年から韓国で大人にも大人気なテディベアアイテム。パジャマやブランケット、Tシャツなど、昔懐かしいデザインに心ときめいていたけれど、ついにベアアイテムをゲット。「30代がこんなラブリーファンシーなものを買っていいのか……!? まぁいいか。誰に迷惑をかけるわけでもなし」と脳内会議のち購入。大人になったからこそ、思いっきり心のままに、自分が好きだと思ったものを手に入れることができるようになったのかも。

Jeegugonggan 지구의공간

住所	京畿道 金浦市 金浦漢江8路148番キル156
	（경기도 김포시 김포한강8로148번길 156 1F）
営業時間	12:30-18:00
定休日	土日祝
Instagram	@jeegugonggan_vintage
online shop	https://instabio.cc/Jeegugonggan
海外発送	可（要相談・個人対応）

Dr.HOWS

家時間が楽しくなる
ときめき道具

魅力的なキッチン用品が揃うオンラインショップDr.HOWSの中でも、ひときわ目を引いたミニストーブ（ガスコンロ）。むしろ一目惚れ。しかし、知ったときにはすでに二度目の完売後で、再販はありますか?! と勢い余って問い合わせたほど。「私は一度惚れたらしつこいんやで」とばかりに、毎日ショップのインスタグラムを「チェックorチェック」。三度目の再販と同時に、すぐさま購入した愛すべきガスコンロ。写真よりも実物の方がもっとずっと可愛くて、我が子のように大切に使っている家道具。家時間がグッと楽しくなったことは、言うまでもありませんね。

買ってよかったもの

ミニストーブ 59000ウォン

アヒージョを作ったりベーグルを焼いたり、なんてことない料理をするのも楽しい。ひとり暮らしにもちょうどよいコンパクトなサイズ感で、収納も楽。持ち運び用のケースが付いているので、ピクニックやキャンプに持って行くにもよし。韓国の家は、キッチンにガスではなく、IHが備え付けられていることが多いので、火が使えるのも地味に嬉しい。大人可愛いパステルカラー使いが、本当に匠の域！

Dr.HOWS 닥터하우스
実店舗　なし
Instagram　@drhows.official
online shop　https://smartstore.naver.com/drhows
海外発送　不可

オヌルウィチプ 今日の家 today house

素敵！と思ったお家のインテリアを
すぐに買えてしまう魔法のようなアプリ

毎日見てしまう魅惑のアプリ「오늘의집（オヌルウィチプ／今日の家）」。ライフスタイル
ショップ版ZOZOTOWNといえば、わかりやすいかもしれません。インテリア、家具、雑
貨、暮らしにまつわるショップが集まり、オヌルウィチプというプラットホームを通して、
あらゆる商品を購入できます。このアプリがすごいのは、韓国の人たちの素敵なお部屋
を見ることができて、しかも写真から気になった商品を購入することもできるという楽
しすぎるところ。P156で紹介しているdepound代表のアカウントもあり、家の間取りま
で公開されているのです。欲しいものがとめどなく溢れ出るので、なるべく見ないように
しているものの、物欲が止まらない！ 実際に使っている方の部屋の様子もわかり、リアリ
ティがあるのでとても参考になる、レビュー命の韓国らしいシステムです。

買ってよかったもの

ピクニックシート

（120×120cm）

16900ウォン

韓国カフェから流行ったフレンチ柄のピクニックシート。防水のシートも売っているのですが、漢江でピクニックするにも、家でテーブルクロスとしても使えるリネンをセレクト。

ロンドンフリージア
イエローシフォンカーテン

（140×180cm）

2枚セット 68000ウォン

望遠洞のレトロなカフェにかかっていた、まさにニュートロな花柄のカーテンの可愛さが忘れられず、購入。ヴィンテージ風にインテリアを揃えているわけではないので浮かないかと心配したものの、シンプルなインテリアのアクセントになり想像以上に可愛い。風になびくたび、陽の光を吸い込んだイエロー、ピンク、ブルーがより一層綺麗に見えて、穏やかな気分に。おばあちゃん家感溢れる模様が、旬ですね。

Jenniferoom の炊飯器

52900ウォン

コロンとしたフォルムがキュートすぎる炊飯器は、ひとり暮らしにちょうどよいサイズ感。水多めに、しっかり調整して頑張れば、おいしいご飯が炊けます。

today house 오늘의집

実店舗 なし

Instagram @todayhouse

online shop http://ohouse.onelink.me/2107755860/25a88fd

海外発送 不可

禹炳潤 woobyougyun

スタジオは予約制で観覧、購入も可能。オフィシャルサイトでは製作過程の動画も公開されています。

心癒される点と線を紡ぐアート

朝ゆっくり起きてドリップコーヒーを淹れ、日差しがたっぷり入る明るい部屋で好きな音楽を流しながら本を読む。そんななんてことない、でも人間らしい文化的な生活にすっと溶け込んでくれるウ・ビョンユンさんの作品。決して存在感がないわけではなく、静かに佇むような絵を観ていると心に平穏が訪れ、居心地のよい空間を作ってくれます。雨の音を聞いていると心が落ち着くように、忙しくて余裕がないとき、心がざわつくときに眺めていたくなる一枚。20代になって独学で絵の勉強を始めたそうで、「人生は、しばらくの間、借りているものだと思うことがある。人生を借りて生きている間、自分がやらなければいけないことはこれだけだと信じるしかない」と、実直に生きている姿も素敵です。

憧れのもの　ビョンユンさんの作品

作品を初めて観たのは、インスタグラム。画面越しに観てもとてもかっこいいなと思っていたけれど、初めて生で観たのは、移転前のTUFF（P26）で行われていた展示のとき。その場の空気を引き締めるような波打つモノクロの絵が神秘的で、思わず引き込まれました。独学で一からアーティスト人生をスタートさせたビョンユンさん、SNSにコツコツと作品を上げ続け、地道に活動を続けてきたのだそう。

毎日昼から深夜まで作品作り。長い時間をかけて、これを習慣化したのだそう。現代クラシックを流しながら作品制作をすることも習慣で、私が伺ったときは『The Chopin Project』が流れていました。

大邱〔テグ〕出身ということもあり、昔からカフェで過ごす時間とコーヒーが大好きなのだそう。スタジオへ伺ったときも、おいしいコーヒーを淹れてくださいました（＊大邱は昔からカフェ文化が盛んで、今も素敵なカフェがたくさんあります）。

woobyoungyun 우병윤

住所	ソウル特別市 麻浦区 バンウルレ路 63 3F （서울특별시 마포구 방울내로 63 3층）
営業時間	インスタグラムを確認
定休日	インスタグラムを確認
Instagram	@woobyoungyun_
online shop	なし

MO-NO-HA

シンプルで洗練された美しさ

50年以上前に作られた建物をリノベーションし、洗練された空間へと生まれ変わらせた
MO-NO-HA。まるでギャラリーのように、世界各地から集められたアートに触れながら
買い物をすることができるライフスタイルショップです。私は韓国の人たちが体現する
シンプルミニマムな世界観を愛しているので、贅沢な空間使いもたまらなくて、静かに興
奮。本当に訪れるたび、数時間滞在してしまうのです。ウェルカムドリンクとしていただ
いたレモンティーに癒され、美しいティーポットと器にもうっとり……。「こんなヒーリン
グタイムを過ごせるような暮らしがしたい！ 部屋を素敵にしたい！」という想い（物欲）が
湧き出てくるのに、時間はかかりません。日本人作家の作品も取り扱われています。

買ってよかったもの

ブラックワンピース
120000ウォンくらい

タンクトップ、ブラウス、ワンピースなど、シンプルながらほんのりフェミニンなニュアンスが入っていたり、エッジが利いていたりと、オリジナルウェアも素敵。滑らかな着心地に惹かれて購入した『魔女の宅急便』的ブラックワンピースは、家で過ごすにも、サッと着て外出するにもよく、着用感があまりに楽すぎて快適。この楽さに慣れてしまったら、もう戻れない……。

Lee Jaewon さんのお椀

韓国の器作家・Lee Jaewonさんのお椀。手の中にスッと収まるサイズ感と、コロンとしたフォルム。漆黒なのにどこか温かみがあり、暮らしの中で使っている場面を容易に想像することができました。白ご飯の上にキムチをそっとのせるだけでも、ビシッと締めてくれます。日々の暮らしをもっと楽しくするヒントをおすそ分けしてくれるところも魅力的。

MO·NO·HA 모노하	
住所	ソウル特別市 龍山区 読書堂路36
	(서울특별시 용산구 독서당로 36)
営業時間	11:00-19:00
定休日	日月
Instagram	@monoha_official
online shop	https://mo-no-ha.com/
海外発送	不可

INNO HOME

調和のとれた
美しさと利便性の両立

住居や商業空間のトータルコーディネーション
などを行うインテリアデザイナー、キム・キョン
さんのブランド。専門家の目で選ばれた、実用
性と空間の調和を配慮したデザイン。本来の機
能を生かした便利で美しい空間で、食べて、働
いて、リラックスする暮らしを提供しています。
数年前、ブオク（大好きなカフェ）のオーナーがこ
ちらで開催されたパーティーのフードディレク
ションを担当されたことをきっかけに知ったの
ですが、そこでキョンさんの手掛ける美しい世
界観に魅了され、カロスキルのショールームへ
度々訪れています。

買ってよかったもの

―Heami Lee―
Ceramic Shot Glass
25000ウォン

韓国の陶器作家イ・ヘミさん
の作品。繊細で可憐。いつかは
ショットグラスとして使いたい
けれど、まだ自宅でショットを
かちこむ予定はないので、小さ
な花をのせたり、アクセサリー
を入れたり、セージを飾ったり
しています。

INNO HOME 이노홈

住所	ソウル特別市 江南区 狎鴎亭路４キル 14-4
	(서울특별시 강남구 압구정로4길 14-4)
営業時間	9:00-18:00
定休日	土日
Instagram	@innohome_official
online shop	http://innohome.kr/
海外発送	不可

MARKET B

欲しいもので溢れる
オンラインショップ

韓国では中毒性のある魅力を持つものに対して、「麻薬○○」と呼ぶことが多々ありますが、こちらのショップもまさに麻薬オンラインショップ。一度見始めたら最後、あれも欲しいこれも欲しいと、尽きない欲望に疲れ切ってしまうほど魅力があります。シンプルモダンなインテリアから、ラタンのナチュラル系家具まで。プチプラではないですが、ほどよいお値段で素敵なインテリアを揃えることができます。

狙っているもの

スタンドランプ

買おうか迷っていたランプを、ソウル・松理団通りのカフェBook,duckbangで発見し、やはりヴィンテージ感溢れるインテリアで統一した方がいいのだなとひとまず保留にしたもの。セール時なら30000ウォン台を切るお手頃価格なのですが、いかんせんランプはもう家にあるので、これ以上増やしてどこに置くのかと自問自答する日々。

MARKET B 마켓비
実店舗　なし
Instagram　@marketb.kr
online shop　https://www.marketb.kr/
海外発送　不可

like a clay

大邱で作られている
シックでモダンな器

インテリアショップやライフスタイルショップを覗くのが大好きで、もはやライフワークとも言えるのですが、行く先々で見かけていたのがlike a clayの器。モダンで独特な絵柄と、マットな質感がクリーンヒット！「BEACH」「BLACK ISLAND」など、シリーズごとにガラッと異なる世界観を展開しています。大邱に工房があるので、今年こそ1Dayクラスに参加したいと企んでいるところ。

買ってよかったもの

beach coffee set A
38000ウォン

絵の具を飛び散らしたような、シックな柄のコーヒーカップ。小ぶりで、ちょこんとした佇まいが愛らしい。

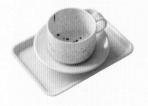

PINK DROPP coffee set
40000ウォン

兎にも角にも淡いピンクのマーブル模様が可愛くて、この俊敏さを仕事にも生かせばいいのにと自分で思うほど瞬間的に購入。ひとつひとつ柄や色合いが微妙に異なるところも、陶器の魅力ですよね。

like a clay 라이크 어 클레이
実店舗 ソウル市内のセレクトショップで一部購入可。
　　　　　HP、またはインスタグラムを確認
Instagram @like_a_clay
online shop http://www.likeaclay.com/
海外発送 不可

NR CERAMICS

生活の中に余白と
アートを

韓国の凍てつくような極寒が好き。頬が凍りつきそうになるほど冷たい風が吹きすさぶ寒さ。冬こそが、韓国らしさを一番感じられる季節だと思っているし、愛している。そんな、韓国の冬のような美しさを感じるLee Nuriさんの作品たち。NR CERAMICSの陶磁器には、過剰な演出を取り払い、簡潔で自然な余白とゆとり、休止値を与えてくれる静寂美を感じます。空間に同化しながら、ハッとする美しさや芸術的感性を呼び起こしてくれる作品たちです。

HPIX（P18）で購入したキャンドルホルダーも、
NR CERAMICSのもの。

憧れのもの

EXISTENCE OF ABSTRACRION

流れるような曲線が美しい作品。禹炳潤さん（P54）の絵と一緒に部屋に置くことができたら、きっと素敵だろうし、毎日の暮らしがとてつもなく潤いそう。どんなシーンでも審美性を放棄せず、心から大切に使えるもの、実用性とアートのバランスを捕まえながら、芸術のための芸術品ではなく、人のための作品を作り続けている陶器作家さんです。大学時代にファッションを専攻し、ライフスタイル分野で働いていたことも、今の作品作りや意識に影響を与えているのだそう。

NR CERAMICS

実店舗	ソウル市内のセレクトショップで一部購入可。HP、またはインスタグラムを確認
Instagram	@nr_ceramics
online shop	https://www.nrceramics.com
海外発送	可・要相談

jiseungmin gonggi

風情感じる食器で家時間を楽しく

漢南洞にある展示場「Weekly Cabinet」で、インテリアショップkollekt (P48) のPOP UP
開催時、同時に開かれていたカフェで見かけたジスンミンさんの器。小石のようにざらっ
としたマットで独特な質感と、何色とも表現できない美しい色味に惹かれ、すぐさまお店
の方に作家さんの名前を尋ねました。漢南洞にある直営店のほか、ソウル市内のセレク
トショップでも多数取り扱われています。家にある器との相性を考えながらオンライン
ショッピングするのも楽しいけれど、ひとつひとつ色味も形も微妙に違う陶器だからこ
そ、実際に触って、見て、これだ! と思える一目惚れのようなお買い物を楽しみたいもの。
飽きのこない普遍的な美しさで、時間が経つほど愛おしさが増す宝物のよう。使い勝手
もよく、ただ置いているだけでも美しく、コレクション欲を掻き立てられます。

買ってよかったもの

P22で紹介しているchapter1など、ソウル市内のセレクトショップでも販売されているので、実物を見て購入できるのも嬉しい。

PATINA Collection（Stone Beige）

38000ウォン

PATINAは、金属や石、革などの素材の表面が、時間の経過とともに徐々に変わってくる現象にインスピレーションを受けて始まったコレクション。陶磁器にはない現象ですが、巨大な石が風化した様子を想像し、テクスチャーを表現したのだそう。使用後は色移りしないよう、すぐに洗うことをおすすめします。

jiseungmin gonggi 지승민의공기

住所	ソウル特別市 龍山区 漢南大路40キル22
	(서울특별시 용산구 한남대로40길 22)
営業時間	11:00-19:00
定休日	日月祝
Instagram	@jiandgonggi
online shop	https://www.jiseungmingonggi.com/
海外発送	不可

Deokho Kim & Inhwa Lee

作家さんに作ってもらう自分だけの食器

インスタ大国・韓国において、とてもありがたいなと思うのは、オンラインショップがなく、遠方に工房がある作家さんの作品でも、難なく買うことができるところ。DMで問い合わせた後、購入または受注製作が可能なら、その場ですぐに「계좌（ケチャ）」で支払い。さすがバルリバルリ（早く早く）スタイル！ そんな、気軽に工房まで行くのは難しいけれど猛烈に欲しくて、作っていただいたカップがあります。江原道・楊口郡の工房で、オブジェから実用的な陶磁器まで幅広く製作しているキム・ドクホさん、イ・インファさん夫妻。2009年から本格的に展示活動をスタートし、ソウルで開催されるクラフトトレンドフェアをはじめ、ロンドン・COLLECT、シカゴ・SOFA、ジュネーブ・Artgeneveと世界中で展示が開かれ、海外でも活躍しているおふたりです。

買ってよかったもの

「Material Moments」Coffee cup

50000ウォン
- - - - - - - - - - -

インスタグラムで見たとき、この凛とした美しさに視線を強奪され、すぐさまDMで問い合わせて作っていただいたカップ。熱意をスピードで伝えるタイプ。憧れの作家さんが、自分のために器を作ってくださっているのかと思うと、制作期間もなんのその。さらに、届いたカップは息を呑むような美しさ……！ 滑らかな手触りとマットな質感、淡く透けるようなクリームホワイト。光によって質感、色、投光性が変化する「Material Moments」は、非常に薄手の作りで合う釉薬を見つけることがとても難しく、様々な実験を繰り返し、ようやくぴったりの釉薬を見つけたそう。器の持つ「美しさ」にも惹かれるけれど、大切に作られた背景も含めて大事に使いたいもの。持ち手が華奢なこともあり、必ず自分で洗うと決めています（笑）。

Deokho Kim & Inhwa Lee 김덕호 이인화
実店舗 なし（工房のみ）
Instagram @deokho_inhwa
online shop なし
＊購入希望者はインスタグラムのDMにて問い合わせを
＊受注生産のため返品不可。輸送中の破損などについては事前に確認を（韓国語対応）

owner's comment

「白磁は、祖先の日常で使われていた美しい食器で、朝鮮の清廉潔白なシンプルさ、節制の象徴でもありました。高度で精製された材料と技術でのみ完成させることのできる白磁の美しい物性、そして朝鮮白磁の"単純美"が、私たち夫婦の作業に大きな影響を及ぼしました。伝統的な物事だけでなく、日常で向き合う物、空間、自然など手に触れて、目に見える多くのものからもインスピレーションを受け、白磁の物性を生かした簡潔な形態のプロダクトを製作しています。"形が単純だからといって、必ずしも経験の単純さを意味しない"というロバート・モリスの言葉のように、シンプルな美しさを大切にする私たち夫婦の作業を通じて、使う人がよい時間を過ごせることを願っています」

Thingool

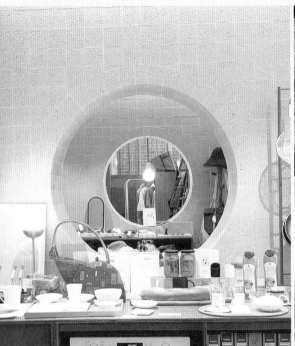

暮らしで使いやすい雑貨が手に入る

雑貨好きの友人がソウルへ遊びに来たとき、よく案内するライフスタイルショップ。ソウル市内の様々な場所に店舗があるけれど、やっぱり1号店である聖水店が好き。大型施設の中でないため日差しがたっぷり入り、自然光で商品を見ることができるし、お店自体が自宅のようにディスプレイされているので、使い方が頭に入りやすい。エコな洗濯洗剤やオーガニックキャンドルなど、自分で買うにはちょっと高価だと感じるものもあるので、友人へのプレゼントを買いに来ることも。昔、旅行でソウルに来たとき、現地に住んでいる友人に入浴剤をプレゼントしたことがありますが、これが大失敗。韓国の家は、基本的に浴槽がないのです。家族で住んでいるアパートや一軒家ならあるけれど、ひとり暮らしの場合はほぼ間違いなくありません。現地の友人への差し入れにはご注意を（笑）。

買ってよかったもの

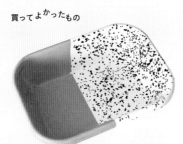

KAPKA スモールメゼ／ピンク
36000ウォン

トルコのホーローブランドKAPKA（@kapka.kr）のトレーは、アジアと欧州を混ぜ込んだような味のあるユニークなデザインが素敵。トルコの職人さんが、伝統的なホーロー製造技法で制作しているそう。気持ちが華やぐ明るいカラーを見ていると、陽気で楽しそうな国だなと、行ってみたい欲がむくむく。重ねて収納しやすいし、使い勝手がよく、丈夫。割れにくい素材なので、アウトドア好きの方にもいいかもしれません。

韓国全土で定期的に開催されている、ティングールマーケット（@thingoolmarket__official）も楽しい！ 全国からおいしいものや暮らしのものがたくさん集まるマーケットは、韓国の暮らしをもっと深く知れる場所でもあります。

カフェにあるような木製の燭台。家のキッチンには似合わないとわかっているけれど、諦めきれない。韓国カフェを作るという新たな目標ができたので、その夢を言い訳に買おうとしているところ……。

Thingool 聖水店

住所	ソウル特別市 城東区 聖水二路14 キル14 聖水ヨンバン内 (서울특별시 성동구 성수이로14길 14 성수연방내)
営業時間	11:00-22:00
定休日	なし
Instagram	@thingool_official
online shop	https://www.thingoolmarket.com/
海外発送	不可

POLA AT HOME

韓国的食卓ができあがる器たち

韓国で友達と暮らし始めてから、食生活が格段にレベルアップしました。一緒に食事できる人が家にいるだけで料理をする機会が増えたし、ちゃんと食事を摂るように。そしてなんといっても、友達のオモニ（お母さん）が作るおいしい手料理にありつけるという幸福までついてきた！ 冷蔵庫にはいつもオモニの作ってくれたパンチャン（おかず）がぎっしり。週2回は「一緒に食べなさい」とおいしい手料理を作ってくれるから、まるで実家のように（もしくはそれ以上に）甘えまくっているのです。韓国の粉食店で出てくるような「レトロ粉食マーブル」シリーズは、こまごまとしたおかずやスープ・ラーメンなどを盛るときにちょうどいいデザインとサイズ感。マットな陶器「allday LIM」シリーズは、どんな料理もシャンと見せてくれる出来るやつです。

買ってよかったもの

「allday LIM」茶碗 (bowl S) 15000ウォン
Plate 22cm 24000ウォン

ご飯もの、スープ、果物用とほぼ毎日使っている茶碗。バリエーション豊富なデザインとレトロな韓国感、あずきラテ、ミルクティーベージュなどカラーのネーミングも可愛い!

年に数回開催されるセールは、かなりお得に器を購入できるので、アリのように人だかりができ、極寒でもウェイティングができる人気イベント。この日は絶対見逃せない!

「レトロ粉食マーブル」浅い麺器
7200ウォン

円形3節プレート 4400ウォン
深楕円スナックプレート 6100ウォン

軽くて割れにくいプラスチック製なので、持ち運びにもよし。キャンプや運動会など、イベントにも使えそう。

POLA AT HOME 폴라앳홈

住所	ソウル特別市 城東区 聖水一路 10 キル 11 1階
	(서울특별시 성동구 성수일로 10 길 11 1층)
営業時間	平日 13:00-18:30／土 14:00-18:30
定休日	日
Instagram	@polaathome
online shop	www.polaathome.co.kr/
海外発送	可

WYWH
-Wish You Were Here-

取材で伺ったのに、よい雰囲気と美食についついお酒が進み、
顔を真っ赤にしてお店をあとにした思い出……。

まさに西村の "<ruby>숨은집<rt>スムンチプ</rt></ruby>"（隠れ家）

昔ながらの街並みが色濃く残る町、西村。韓屋が連なる狭い路地裏にひっそりと、週末だけ開いているライフスタイルショップがあります。オーナーのチョイ・キョンランさんは、旦那様の仕事の関係で海外を訪れる機会が多く、しかも元来の旅好き。訪れる先々で様々なものを集めてきたけれど、歳を重ねるにつれ、身の回りの整理をするように。今まで集めてきたものを販売しようとショップを開いたそうです。ブラウス、ドレス、器、時計に雑貨、ドラえもんのオブジェまで（笑）！オーナーのセンスが詰まった空間は、旅のアーカイブを見ているよう。隠れ家らしく、親しい友人や知人だけが入店できるバーは、さながら秘密基地。昔から料理が得意だったというキョンランさんが、市場で買ってきた新鮮な食材で作る料理はとてもおいしくて、親密な雰囲気も相まってついついお酒が進む進む。

買ってよかったもの

元々旦那様が退職したら、小さな家を建てようと計画していたそう。自宅兼ショップにして、行き来も楽に。無理しない暮らしを送られています。

ドイツ旅の思い出 エプロン

25000ウォン

クレパスで描いたような鮮やかな色合いの愛らしいエプロン。こんな可愛いエプロンが似合うおばあちゃんになりたいという新たな目標が生まれるとともに、韓国でカフェを開くぞ！ というやる気が俄然湧きました。

WYWH -Wish You Were Here-

住所	ソウル特別市 鍾路区 孝子路 7 キル 12-8
	(서울특별시 종로구 효자로7길12-8)
営業時間	14:00-19:00
定休日	平日（土日のみ営業）
Instagram	@wishyouwerehere_tongui
online shop	なし

NEOFLAM

デザインと機能性を両立した
イケてるフライパン

スウェーデンの湖からインスピレーションを受けたFIKA。陶磁器を焼くように加熱造形する方式のKILN（キルン）工法で、有害物質の出ない環境と人に優しい調理器具ブランド。ブランド発の「#인싸냄비（インサネンビ）」というハッシュタグに少しジワってしまいましたが（日本語で言うと＃超イケてるフライパンといったニュアンス）、韓国で一緒に暮らしている友人の家にあったもので、鍋を使った料理が多い韓国生活では大活躍！「ラーメンは一度にたくさん作って、一緒に食べた方がおいしいでしょう？」と友人は言いますが、確かにその方がおいしく感じるから不思議。一緒に食事をすることを大切にする韓国らしいなと思った出来事です。

買ってよかったもの

FIKAシリーズ

卵焼き器15cm、フライパン24cm・28cm、厚底鍋18cm、大鍋と計5個ありますが、どれも料理をそのまま出しても可愛く決まるので時短に。洗い物も減って嬉しい。クリーム色がとにかく可愛くて、木製の持ち手と相まって、置いているだけで台所が可愛らしく見えるのです。重さはありますが、洗うのはとっても楽！ ガス、IH、ハイライトで使用可能ですが、食洗機はNG。

NEOFLAM

実店舗	なし
Instagram	@neoflam_korea
online shop	http://www.neoflamshop.co.kr/
海外発送	不可

TIME MORE

早起きできた日は
ゆっくりコーヒーを

コーヒー生活に欠かせない、ハンドドリップ
コーヒーのための機能とデザイン性を兼ね備え
たTIME MOREのケトル。毎年11月頃開催さ
れるソウルカフェショーで知り、注ぎ口の細さ
もばっちりで、持ち手のウッドとホワイトのコ
ントラストが美しくて一目惚れ。韓国コーヒー
第一世代と呼ばれるボヘミアンコーヒーのパ
ク・イチュ先生に取材させていただいたとき、
ドリップコーヒーを淹れるときは注ぎ口の細い
ポットで緩急をつけながらお湯を注ぐことがお
いしく淹れるコツだと教わり（コーヒー　好きの方
なら常識かもしれませんが）、無知だった私はすぐ
さま導入。太い注ぎ口よりも、雑味が少なくな
り、コーヒーの味がグッとまろやかに。

買ってよかったもの

フィッシュユースドリップポット 700ml
58000ウォン

人間工学的設計と開放型ハンドルで、簡単にハンドドリッ
プが可能に。特許を取得した、90度垂直に水が流れる設
計が特徴的。IH不可なのでDr.HOWS（P51）のガスコンロ
でお湯を沸かして、コーヒーを淹れています。自分の好き
な場所で、おいしいコーヒーを飲むためにガスコンロで
お湯を沸かしている時間は、間違いなく小確幸。

TIME MORE

実店舗	なし
Instagram	@timemore.kr
online shop	http://www.alicecoffee.co.kr
海外発送	不可

＊ソウルカフェショーのInstagram @seoulcafeshow

韓国インテリアってなんだ？

「韓国雑貨」や「韓国風インテリア」という言葉をよく聞くようになった昨今。
このワード、人によって受け取る印象が全く違うのではないでしょうか。
白磁器や伝統的な韓服の色合いなどを見ていると、
昔から韓国の人たちのミニマルな感性や色組みのセンス、
シックな仕上げ方は変わらず、それこそが韓国風なのかと思いきや、
今は韓国人インフルエンサーの部屋にあるアイテムや、
空間そのものを「韓国風」と表現しているような気も……。
「韓国インテリア」って一体何ぞや？ と考えを巡らせてみたものの、
素人考えでは限界があるため、本書で紹介しているhinagiku、
MLEの店主であり雑貨バイヤー・ディレクターの
美香さんにお話を伺ってみました。

東山 韓国インテリアや雑貨って、本来は韓屋で使われている家具や、イブル（キルティングの布団）やポシャギ（風呂敷）など、昔から作られている韓国のプロダクトのことを指すかと思うんですけど、一方で最近のシンプルミニマルなデザインも韓国インテリアだし、韓国の人たちがそれらをまとめて作る空間も好きなんです。つまり、韓国インテリアや最近よく使われている韓国風インテリアって何なのでしょうか？

美香 韓国風というのが、本来の意味とは別の使われ方をしているかもね。韓国風＝「韓国で今流行っているインテリア」ってことだよね？

東山 そうすると韓国風インテリアは、現地で人気のインテリアショップのスタイルやVlogerたちが作る部屋のような、ミッドセンチュリーと北欧ミックススタイル、ニュートロ的ヴィンテージスタイル、アメリカンスタイル、フレンチになるんですかね。韓国インテリアは基本ミニマルなデザインが多いけれど、韓国では人気が出たモノ、デザインの模倣品がぼこぼこと湧き出てくるので、それらを韓国インテリアと言うのも憚られる気がしていて……。もちろん、実直なデザイナーやクリエイターはたくさんいるから、難しいんですけど。

美香 模倣品については、今も昔も問題がたくさんある（笑）。いわゆる名作家具

と呼ばれる著名なデザイナーがデザインした家具の正規メーカー制作の発売当時のものをオリジナル、数十年経って正規メーカーが復刻したものをリプロダクトといって、例えばイームズのシェルチェアとかは特に有名だと思うけど、現在はハーマンミラー社が販売しているものがリプロダクト、その他全く関係ないメーカーが作った模倣品はコピー品。

東山 名作家具のオリジナルは、とてもとても手を出せるお値段ではないので……名作家具の洗練されたデザインを、手が出るお値段で購入することができるリプロダクトはありがたいです。じゃあ

オンラインショップで安価で見かけるものは、やっぱりコピー品と呼ばれるものですね。安くて可愛いものを買いたいという気持ちはあるし、部屋を素敵に出来るなら嬉しいんですけど。私も知らずに買っていることもあるはずだし。デザイナーにマージンが払われていたらいいなと思ってしまいます（笑）。

美香 気に入って買う以上はその物のことは自分で調べて、デザイナーへのリスペクトは持っていて欲しいな。買い手が意識して学ぶことも、カルチャーが発展する要素になると思うから。

結論、私は「韓国インテリア」
「韓国のクリエイターたちがセレクトしたもの、
作った空間」が大好きで、
韓国の人たちがディレクションしているものも含めての、
韓国インテリア、韓国雑貨として
好きなんだなと気づきました。
それらを作る人たちが健康的に活動できるように、
学びながら"買う"ことで、クリエイターの応援をしていきたいです。

お話を伺った人⇒ 美香さん
雑貨バイヤー、ディレクターとして活躍する、都内にあるセレクトショップhinagikuと、オンラインショップ My Little Essentialsの店主（ともにP167にて紹介）。d&d seoul、ALANDといった韓国の人気雑貨店の立ち上げにも携わった経験があり、韓国にゆかりの深い方。

follow
    your heart,
it knows the way.

table Lamp

LA NATURA MORTA ITALIANA
OTTOLENGHI SIMPLE
How to BE PARISIAN
com

kettle

trash can

Goods
&
Cafe item

買っても買ってもまた買ってしまう、小さな可愛いもの。

集め出したらキリがないけれど、

ついコレクトしてしまう雑貨たち。

ホームカフェが充実するグッズもたっぷり！

ミリメーターミリグラム

理想のライフスタイルを描ける、夢膨らむ場所

地下鉄6号線・漢江鎮駅から徒歩10分ほど。味のあるレトロなビルの、地上1〜3階は
カフェAnthracite、地下1階にはD&D Seoul、地下2階にミリメーターミリグラム、地下
3階にはFREITAG-store seoul by MMG、アートブック書店 POST POETICS が。愛してい
るでしかないこのラインナップ。月1で訪れても好きなものがありすぎて、毎回ちょこま
かと小さなものを買って帰宅。暮らしを想像できるディスプレイに囲まれ、自宅もこんな
風にしたい……! と素敵なライフスタイル欲がむくむくと湧く場所。手帳やポストカー
ド、エコバッグなど小物ばかり買ってしまうので、今年こそ夢の大物家具を買いたい! 韓
国は人気デザイナーズブランドを模したインテリアも安価でたくさん販売されています
が、やっぱり風格漂う本物を長く使いたい。

買ってよかったもの

TARPAULIN BAG M 25000ウォン

友人がこのホワイトを使っていて、とても可愛かったので色違いで購入。ビニール素材なので雨の日も気兼ねなく使えるし、汚れても水拭きすればいいし、丈夫でしっかりした作りなので、パソコンでもiPadでもなんのその。そしてなんといっても肩紐部分のロゴが可愛い。さらに肩紐が長いので、肩に楽々かけることができてとても優秀！仕事で使うトートバッグは特にそうですが、基本的に肩紐の長さに余裕のあるバッグが好き。不便なバッグは、結局どんなに高くても使わなくなるんですよね。

COTTON PULL
―BAG ONTHLY―
8000ウォン

8月が誕生月なので、迷わず8に。でも正直、全色可愛すぎて頭を抱えました。バッグインバッグやちょっとした旅行にもいいし、リネンや小物を入れて壁にかけたり、ドアノブに引っかけておいたりしても可愛い。

手帳 ―PAST PRESENT FUTURE 10―
19000ウォン

今年は潜在意識で癒しを求めているのか、グリーンのものばかり収集中。カレンダーはフリータイプなので、日曜初まりでも月曜初まりでも、自分で好きなように記入できます。

ミリメーターミリグラム 밀리미터밀리그람

住所	ソウル特別市 龍山区 梨泰院路240
	(서울특별시 용산구 이태원로 240)
営業時間	11:30-20:00
定休日	毎月最終月曜
Instagram	@mmmg_millimeter_milligram
online shop	http://mmmg.net/
海外発送	不可

geulwoll

本当は秘密にしたい
アーティスティックな文具店

文房具好きにはたまらない、レターサービスショップ。レターセットやハガキ、ノート、日記帳、鉛筆。木製の引き出しを開けるたびに、美しい手紙とメッセージが現れ、ひとつひとつ大切にそっと開けたくなる宝箱のよう。韓国はデジタルが言わずもがな大発達していますが、アナログの部分を「遊び」としてセンスよく活用していて、デジタルとアナログの使い方が上手！物語の中に出てくるような、秘密にしておきたい隠れ家ショップです。

買ってよかったもの

Letter Set 9000ウォン〜

レターセットは店主がデザインすることもあれば、別注することも。独立書店Your mindとのコラボレターセットは、半透明の紙とカラッとした明るいイエローが綺麗。部屋に飾っておきたくなる本型ノートや鉛筆など、ときめきが止まらない。

geulwoll 글월

住所	ソウル特別市 西大門区 繪加路 10 403号
	(서울특별시 서대문구 증가로 10 403호)
営業時間	13:00-19:00
定休日	インスタグラムを確認
Instagram	@geulwoll.kr
online shop	https://www.geulwoll.kr/
海外発送	不可

shop grove.

時間が緩やかに
流れる空間

geulwoll（P80）の向かいに、今春また素敵なお店がオープン。店主が選ぶプロダクトは、使い捨てではなく、質がよくずっと使えるものだけ。オーナーのスルギさんはD&Dに勤務されていたこともあり、扱う商品は日本のプロダクトがほとんど。日本人なのに知らなかった物や人を発見できる楽しみも。欲張らず、身の丈にあった生活や幸せを選ぶことは難しいけれど、ここを訪れるたびに背筋が伸びるような気持ちに。

買ってよかったもの

Pebble Paperweigh Clear （L-size）
25000ウォン

iPadやスマホがあればどこででも仕事はできるけれど、to doメモの方が頭に入るし、スケジュール帳だっていまだに使う。ゆえに仕事机の上はいつも紙が舞っている状態。ガラス工芸ブランドclearmoodのペイパーウェイトは、まるで水滴がこぼれ落ちたような美しさで、散らばった紙を芸術的にみせてくれる小さな功労者。

shop grove. 샵 그로브

住所	ソウル特別市 西大門区 繪加路 10 402号
	（서울특별시 서대문구 증가로 10 402호）
営業時間	13:00-19:00
定休日	木日
Instagram	@shop.grove
online shop	https://shop-grove.kr/
海外発送	不可

amy table

韓国カフェ好き必見！
ホームカフェグッズが
手に入る

『오늘은 집에서 카페처럼（今日は家でカフェのように）』の著者である、パク・ヒョンソンさんが2020年8月にスタートしたオンラインショップ。ホームカフェの本を出したり、SNSに写真や映像をアップしたりしているうちに、「これはどこで買えるの？」と使っているグラスや小物に関する問い合わせが増加。自分と好みが似ている人たちのためにホームカフェグッズを紹介してみようと、会社を辞めてamy tableを立ち上げたそう。一緒に暮らす猫、Mori & Roriも愛嬌たっぷり。

買ってよかったもの

ホームカフェトレイセット 37500ウォン
カフェトレイ（コテージホワイト・S,M）
13000ウォン、18000ウォン

彼女が集める食器は、私の好みどんぴしゃり。初めてオンラインショップを見たときは、欲しいと思っていたものが、ほとんどある！と興奮のあまり、スクロースする指が止まらず大変でした。家ごもりの時間が増えても無問題な、目に入るたび幸せになるアイテム。トレイはメイドインUSA、CAMBROのもの。

amy table 에이미테이블
実店舗　なし
Instagram　@amytable
online shop　https://smartstore.naver.com/amytable_/
海外発送　不可

オリジナルグッズも
可愛い。

t.t.a

like a clay（P60）の器も
あります。

個性的なインテリアが
欲しいときは

閑静な住宅街・延禧洞の小道にひっそりとあるt.t.a。いつ訪れてもいろんなお香がブレンドされたよい香りが漂っていて、インテリアを眺めながらヒーリングも。オーナーが世界中から集めたインテリアと雑貨は、暮らしに遊びをくれる個性的でユニークなものばかり。日用品から遊びのツールまで、オーナーの審美眼が光るお店。この辺りにはmanufact coffee、dawny coffeeなどの人気カフェもたくさん。

買ってよかったもの

craft cutlery／
spoon S gold, silver
各15000ウォン
･･･････････････････････････
ベルギーで作られたスプーンは、ぐねんと曲がったグリップと質感がユニークでお気に入り。デザートスプーンとして、アイスを食べるときに使っています。シルバー、ゴールドと、それぞれ素敵だったので色買い。

t.t.a ティティエイ	
住所	ソウル特別市 西大門区 延禧路11キル28-5 (서울특별시 서대문구 연희로11길 28-5)
営業時間	12:00-20:00
定休日	なし
Instagram	@tta_official_
online shop	http://thetribalaciiid.com/shop/
海外発送	不可

HOCOO SHOP

ほっこり可愛い暮らしの雑貨たち

オープンして15周年を迎えた雑貨屋さん。暮らしにまつわる、小さな可愛い雑貨を販売しています。オリジナルグッズも素敵だけれど、HOCOO SHOPのフィルターを通してみると、合羽橋に売っているような日本の台所用品が異様に可愛く見えるから不思議。取り扱いは日韓製品中心ですが、DAVID MELLORのカトラリーや、タイのキッチン用品なども。製品の質はもとより、値札シールが綺麗に剥がれたり、パッケージの袋が楽に開いたり、日本の製品は消費者に至れり尽くせりだなと、海外に住んでから感じるようになりました。海外暮らしで思うことは「お値段なり」が基本ということ。お金を出せばその分質のよいサービスを受けることができるし、安価なものはそれなりだという認識が高まったので、質がいいのだから、もっと高く売ってください! と謎に思っています。

買ってよかったもの

天ぷらバット 3500ウォン

韓国カフェでよく見かけるシルバートレイ
は、日本の天ぷらバットだったの?? という
衝撃。軽くて丈夫、おまけに安い。家カフェ
グッズとしても使えるなんて! シンプルで
垢抜けていますよね。友人と住んでいるせ
いか、韓国暮らしをしていると、なぜか突
然チキンを食べたくなる日があるので、チ
キン用の器として使うのにぴったりなサイ
ズ感。コーヒーに、ミルクや砂糖を置けば
カフェセットにも。ちなみにチキンは「コプ
ネ」と「bbq」が好きです。

カロスキル・白山眼鏡店のビル5階に位置。食器
類はかさばるし重いので、オンラインで購入す
ることが多いのですが、店舗ではB級品がセー
ル価格で販売されているのでたまに偵察へ。

HOCOO SHOP 호쿠샵

住所	ソウル特別市 江南区 江南大路 162 ギル 42 5階
	(서울특별시 강남구 강남대로 162길 42 5층)
営業時間	13:00-18:00
定休日	水日祝
Instagram	@hosino.cookiss
online shop	http://www.hosino.co.kr/
海外発送	不可

you and wednesday

オンラインショップの世界観も、たまらなく可愛い。
好きすぎて、まさかのECの写真を入れちゃいました♡

ヨーロピアンクラシカルが可愛いアイテム

オーナーのセレクトと世界観が大大大大好きで、インスタグラムもオンラインショップ
も、眺めているだけで癒されタイムに。ロンドンの学校へ通いながら会社員生活を送り、
フランスのリヨンやパリにも住んでいた経験があるのだそう。それを聞いてすべて納得
（どなたですか？）。このヨーロピアンクラシカルな世界観は、欧州で生活したことがある方
の感性……！　と勝手に想像していたからです。セレクトアイテムもオリジナルアイテム
も、上質で品がよく、柔らかな優しさをまとっており、オーナーの審美眼にかなった美し
い製品だけがギュギュギュッと詰まっています。こちらのお店も売り切れになるのが早
いので、気に入ったものは早めにゲットしておくのがよさそう。

買ってよかったもの

1960's old hall tea pot

50000ウォン

1893年、イングランド・ブロックスウィッチで誕生した、日常生活に役立つプロダクト作りを追求したブランド。こちらのティーポットは高品質ステンレススチール素材なので、直火使用してもシミがつきにくいそう。丈夫で手軽に使え、ゆったりとした滑らかなボディ。どうやら私は、シルバーものが好きなようです。グラスやヴィンテージカップにシルバーのティーポットやトレー……たまらなく興奮するんですよね。1950〜60年代は、ファッションもインテリアも大好きな年代。

深夜まで原稿を書くときは、熱々のお湯で紅茶をたっぷり作ってamy table（P82）のトレーに置いて、深夜作業のおともに。日本から友人が送ってくれた「はちみつ紅茶」がおいしすぎて、韓国の友人たちにも大好評。

P32で紹介したal thingとのコラボレーションプレート。小さなサイズが愛おしい。クッキーやマカロン、果物をのせてデザート皿に。

you and wednesday　유앤웬즈데이
実店舗　なし
Instagram　@wednesday_sehyun
online shop　https://youandwednesday.com/
海外発送　不可

NICE WEATHER

편의점 清陽

ヒップなブランドを集めたコンビニに寄り道

食品、生活用品、衣類、コスメ、インテリアなどの商品から、アートの展示や公演など文化的なコンテンツまで紹介する新概念のコンビニが、カロスキルに誕生。「今のコンビニはもう、私たち若い世代にとっては便利ではない」という問題意識から始まったプロジェクトで、現代に合わせ新解釈で作られた空間とアイテム。人気ベーカリーカフェOUR Bakeryを運営するCNPフードならではの審美眼で、ヒップなブランドを選定。オリジナルグッズはレトロな感性が光る可愛さ! お香やコーヒー器具、デザインマガジン、レコードなど、つい立ち寄りたくなるラインナップです。韓国語でコンビニは「便利店 (편의점)」といいますが、便利なだけじゃない、まったく違うアプローチで攻めているネオコンビニ。韓国の若者が今、求めているものがわかる場所です。

買ってよかったもの

オーガニックタオル（3枚セット）
21000ウォン

ロゴのかっこよさ、肌触りのよさ、しかもオーガニック。洗濯機でガシガシ洗っても平気だし、浴室に掛けているだけでちょっと垢抜けて見える。自宅のタオルを全部これで揃えてもいいかもと思うくらい、お気に入り。

焼酎グラス　4000ウォン

韓国らしくて、つい購入してしまった焼酎グラス。家で焼酎を飲むことなんてほぼないので、滅多に使わないと思いつつ、この可愛さに完敗（乾杯）♡ 韓国では焼酎グラスが空いて酒を注がれたら、一気飲みするのが礼儀。お酒に強い人が多いし、終電なんて気にしないパワフルなところは本当にリスペクト。ただコンプライアンスが厳しくなっているため、会社の飲み会でのお酒の強要や、無理してまで飲むことは昔よりも減っています。ちなみに、ここ1、2年でソウルにワインバー急増中です。

コンビニにある唐揚げ的な感覚で、漢南洞の人気カフェ old ferry donut も入店（テイクアウトのみ）。

NICE WEATHER 나이스웨더
住所	ソウル特別市 江南区 江南大路162キル39 (서울특별시 강남구 강남대로 162길 39)
営業時間	11:00-20:30
定休日	なし
Instagram	@niceweather.seoul
online shop	なし

今年2月末にオープンしたザ・現代ソウル百貨店の地下にも入店。日本の雑誌も人気で、特に『POPEYE』『FUDGE』『&Premium』『CLUEL』などは、韓国の若者の感性に響くようです。

Madame Gray

ホームカフェが楽しくなるアイテムたち

深夜1時から目が冴えてくる夜型人間なもので、平日の朝9時から行われる語学堂の授業は、もはや修業。朝型へと習慣を変えるべく奮闘している真っ只中だという話を韓国の友人にすると「부엉이（ブオニ／みみずく）型だね」とのこと。これは韓国語で夜型・夜行性を意味するそう。朝型生活への改善のために好きなカフェのコーヒー豆やドリップコーヒーは必ず常備。おいしいパンや果物、たまご焼きなど朝の楽しみをせっせと準備しています。なので、朝食によさそうなプレートを見つけると、つい手に取ってしまう。Madame Grayは、オーナーが吟味した韓国人作家の器や、アメリカ、欧州、日本などから集められた器とキッチン用品が揃うショップ。ソウル中心部から1時間ほどかかり、さらに駅からも遠くて行きづらいけれど、頑張って行く価値ありまくりなお店です。

買ってよかったもの

TUXTONの
カップ＆ソーサー 13000ウォン
プレート 15000ウォン

ダイナーなどで使われているアメリカの食器ブランドTUXTON。韓国公式ショップとして取り扱っているので、種類も豊富です。ぽってりとした厚みと、温かい色味が可愛い♡ 朝食にぴったりなサイズ感と使いやすいさで、もう数枚買ってもいいなと思っているところ。店舗の最寄り駅は地下鉄・盆唐線オリ駅で、そこからタクシーで20〜30分ほど。また、駅から少し離れた場所にあるウェイティング必須の大人気レストランLees cafe（@leesfamouscafe）では、まさにこちらの食器が使われています。オーブン、電子レンジでも使用OK。

ソウル市内は車がなくても交通手段が発達していて不便はないですが、郊外や地方に行くと、車がないと不便！と思うことが多々。特に済州島旅行をするときは、車がないと満喫できないため、今年は韓国で車の免許取得という目標ができました。日本でも車の免許持っていないのに（笑）。

韓国のVlogerやホームカフェをしている人たちの写真によく登場するBUTTERのエプロンとナプキンも。

Madame Gray 마담그레이

住所	京畿道 龍仁市 処仁区 慕賢邑 大池路 485番 キル 3-10
	（경기도 용인시 처인구 모현읍 대지로 485번길 3-10）
営業時間	11:00-17:00
定休日	土日祝
Instagram	@madamegray_official
online shop	http://m.madamegray.co.kr/
海外配送	不可

日本の食器や台所用品も多くて、懐かしい気持ちに。日本のキッチン用品は、韓国でも人気。安いし機能性が高く、使い勝手もよいので、韓国にいながら日本製を買うことも（笑）。

storage book and film

都会のオアシスで
韓国の本を買ってみる

ソウル・解放村(ヘバンチョン)にある書店storage book and filmが、江南にやってきた。江南駅からほど近い場所にある日常非日常의틈(イルサンビイルサンウィトゥム／日常非日常のすきま)というカルチャー複合施設に入店。独立型書店のDNAは残しながら、江南駅近くという好立地なので、ふらっと立ち寄ることができて嬉しい。韓国文学、エッセイ、自己啓発書、旅本、雑誌、海外の翻訳本や雑貨など、韓国語を勉強中の方や本好きさんにおすすめ。ここから10分ほど歩けば、新論峴(シンノニョン)駅出口に直結している韓国の大型書店・教保文庫があります(日本で言うと紀伊國屋書店的な)。大型書店は今人気の本や傾向がわかるし、雑誌や書籍の品揃えが豊富なのでもちろん楽しいのだけれど、独立店もまた違った個性があるので、書店のハシゴもいいかも!

買ってよかったもの

『goeul vol.1 GYEONGJU』 16000ウォン

韓国の旅行本なのですが、このシリーズ、ローカル旅が楽しめるセレクトと写真があまりに素敵なんです! 私はこれを持って、慶州(チョンジュ)に行きました。本棚に並べるのがもったいないくらい装丁も素敵なので、インテリアとして部屋に飾ることも。ぱらぱらと眺めているだけで妄想トリップできるかのような本です。

storage book and film 江南店 스토리지북앤필름 강남점

住所	ソウル特別市 江南区 江南大路 426 3F
	(서울특별시 강남구 강남대로 426 3F)
営業時間	11:00-21:00
定休日	インスタグラムを確認
Instagram	@at_storage
online shop	https://linktr.ee/storage
海外発送	不可

ARUMJIGI

韓国の伝統文化が
生かされた雑貨が見つかる

韓国の伝統文化の美しさと価値を現代文化に落とし込み、後世に繋げ、世界に広める活動を行なっている非営利文化団体ARUMJIGI。景福宮(キョンボックン)に向かい合う形で佇む社屋は、現代ビルはデザイナーのキム・ジョンギュ氏、韓屋は韓国芸術総合学校総長のキム・ボンリョル氏がデザイン。伝統的な韓国の美しさと荘厳さと、現代的なミニマルでモダンなデザインがミックスされた、本当に素晴らしい建物です。地下ではARUMJIGIが手掛ける雑貨を買うことができ、ショッピングも楽しめます。スッカラ(スプーン)や白磁器など、伝統的でモダンな韓国雑貨好きの方におすすめ。

買ってよかったもの

美しいノバンのエコバッグ

25000ウォンくらい
- - - - - - - - - - - - - - - - - -

一般的なエコバッグと違うのは、内ポケットに韓服の裏地や夏用の生地として使われる「老紡(노방)」という布が使われていること。韓国の伝統的な生地がエコバッグとフュージョンし、現代的な姿に。淡くほんのりと透ける桃色のノバンと、ネイビーのリボンという色の組み合わせが、洗練された雰囲気を醸し出しています(韓国の配色センスが、本当に好き……)。カジュアルな服装にも意外に馴染みやすく、遊びポイントを生んでくれる。また、内ポケットが付いているので安心感あり。エコバッグだから実用性も高い上に、美しい韓国の趣を感じることのできる一品です。

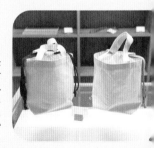

ARUMJIGI	재단법인 아름지기
住所	ソウル特別市 鍾路区 孝子路17 (서울특별시 종로구 효자로 17)
営業時間	10:00-17:00
定休日	月
Instagram	@arumjigi
online shop	https://arumjigi.org/main/main.php
海外発送	不可

rfm

全色揃えたくなる、魅惑のカラー

家で過ごす時間が増えたことにより、部屋でも快適に過ごすべく、インテリアへの関心が高まっています。数年前まではファッションや美容に比べ、インテリアにまで関心を寄せる人は少数派だったものの、今韓国ではインテリア熱がぐんぐん上昇中。おしゃれなライフスタイルを発信するYouTuberやVloger、インスタグラマーたちが素敵な自宅を続々とアップしていることも要因のひとつ。スタジオ「Fluid Club」が制作するマグカップ「rfm」も、昨年から注文がグンと増えたのだそう。気持ちまで明るくなるようなカラーバリエーションと、丸みのある可愛らしいフォルムが魅力的（ショートサイズとロングサイズあり）。作家であるシン・ジヨンさんは、韓国の陶磁器ではあまり見たことがないような新感覚のパステルカラーを出すために、何度も試作を重ね、理想の色味に近づけていったのだそう。北欧色を感じる絶妙な色合いが素晴らしくて、全色欲しくなってしまうほど。ひとつ購入すると、違う色も買い足すリピーターのお客様が多いのだとか。私も、次は何色を買おう……とコレクター心をくすぐられています。

thumb cup / roasted pistachio
2020color 350ml
(現在は販売終了)

自宅で仕事をすることが多い上に、コーヒーがぶ飲み人間なので、たっぷり注げる大容量サイズはありがたい。また飲み物を入れるだけでなく、果物やアイス、お菓子を入れてもキュート！ 色は、原稿を書いているときも、ふっと心休まるピスタチオグリーン。見れば見るほど好きになり、「ずっと大事にするよ」と心の中で呟きながら（怖い）愛でています。家にいる時間が長い北欧では、自宅でも快適で豊かに過ごせるようインテリアが発展しているのだといわれていますが、確かに好きなものに囲まれていると、それだけで幸せな気持ちになりますね。

商品は、月に一度だけアップされる購入期間のみ購入可能。ジヨンさんがひとりで作り、販売、発送までしているため、販売数量を大幅に増やすのが難しいそうで、すぐに売り切れることも。気になるものは即決がおすすめ。

作家で社長のジヨンさんは大学と大学院で陶磁器の制作を学んだのち、テキスタイル会社に就職。2018年に「Fluid Club」を立ち上げ、陶磁器の制作と販売をスタートさせたのだそう。

rfm

実店舗　なし
Instagram　@rfm.info
online shop　http://shop-rfm.com
海外配送　「worldwide shipping」ページを確認・承諾の上、個人購入（Paypal決済）可能

FRENCH MANSIÔN

オーナーの
ディレクション力が
光るショップ

ウェアやキッチンツール、ライフスタイルグッズなど、どこかに可愛らしさが宿るアイテムを集めたセレクトショップ。済州島旅行に着ていきたい小花柄のラップワンピースや、リボン付きのカーディガンなど、基本ベーシックなアイテムが多いですが、ちょっとした少女感だったり乙女感だったりを感じるラインナップです。可愛いパジャマを着て、カップルや女友達との写真をインスタグラムにアップすることが一時期流行り、韓国ではもはや定番のようになったけれど、そんなインスタに出てくるようなパジャマもお手頃価格で買えるショップです。

買ってよかったもの

eco rubber gloves baby pink

1セット　3500ウォン（2セット以上で購入可能）

可愛いものをこまごまと集めるのが大好きなので、ゴム手袋だって可愛い色を選びたい！ と、パステルカラーが可愛らしいゴム手袋を購入。完全に色味の可愛さだけで選んだものの、マレーシアの天然ゴム手袋（環境ホルモンなし・抗菌加工処理済）は適度な厚みと、内側に綿コーティングが施されているので、さらっとした着け心地で、ゴム臭さがないところもグッドポイント。大人の女性が着けて、ほどよくゆとりがあるくらいのサイズ感。毎日使うし、いつもキッチンに置いているものだから、好きなカラーだと気分がよくなりますよね。

FRENCH MANSIÔN 프렌치맨션
実店舗	なし
Instagram	@frenchmansion
online shop	http://www.frenchmansion.co.kr/
海外発送	不可

KioskKiosk

荷物が増えたらここで
エコバッグを買えばいいさ

ソウル駅近く、カルチャー複合施設piknicにある雑貨店KioskKioskが、ソウルの森にもオープン。雑貨、文具好きにはたまらない。やめられない止まらない！ノートもペンもメモ帳も、もう十分すぎるほど家にあるのに、どうして素敵なものに出会ったら買わずにはいられないのか。消耗品だし、「いつか使うし、いつかのために買っておこう」という前向きな心持ちで、リスのようにコツコツと買い集めている可愛い文具。韓国クリエイターのエコバッグやポストカード、カレンダーにオブジェなど、生活必需品ではないけれど、暮らしが潤う遊びアイテムが盛りだくさんな空間です。

買ってよかったもの

TROLLS PAPER の
Frame memo paper　6800ウォン
ノート　8000ウォン

このシックな色味と配色……たまりません。小さな紙箱に入ったメモ用紙と、飾っても素敵なノートを購入。文具好き友達へのお土産を買うのにもぴったり。そして、ふと気づけば買いすぎていること多々あり。紙ものはかさばるし重いので、旅のラストスパートで行くことをおすすめします。

KioskKiosk 키오스크키오스크
住所	ソウル特別市 城東区 ソウルの森2キル8-14 2F
	（서울특별시 성동구 서울숲2길 18-14 2층）
営業時間	火〜土 12:30-19:30／日 12:00-19:00
定休日	月
Instagram	@kioskkioskshop
online shop	https://smartstore.naver.com/kioskkioskshop/
海外発送	不可

chaenchoi

きのこみたいなランプで
部屋の印象模様替え

ヴィンテージ雑貨やオリジナルエコバッグ、ランプなどを販売しているライフスタイルブランド。特に目を引いたのが、きのこの山みたいなコロンとしたフォルムのランプ。鮮やかなレッドとブルーの花柄や、水彩画のような淡い水玉、パステルカラーの優しい花柄、エッジの利いたビビッドカラーなど、オリジナリティ溢れるファブリックカバーは、何枚も揃えたくなる可愛らしさ。カバーのみの購入も可能なので、模様替えするようにランプのカバーを替えるのもいいかも。

買ってよかったもの

deul lamp 48900ウォン

最初は本体をウッドにしようと考えていたものの、売り切れで断念。ラフな気持ちでホワイトスチールランプをセレクトしたら、意外に部屋との相性がよかったのです。ウッドだと重厚感があるので、テーブルやチェストなどもそれなりにテイストを揃えないと、おそらく浮いてしまったはず。仕事机である真っ白のテーブルにもすっと馴染み、思いの外どこにでも合うアイテムです。

chaenchoi	첸초이
実店舗	なし
Instagram	@chaenchoi
online shop	https://www.chaenchoi.com
海外発送	不可

neatty pretty

タイル、流行ってます。

ポップでキッチュ、色の組み合わせによって部屋の印象をがらりと変えることができるタイルインテリア。日本人の私からするとちょっと懐かしい印象を受けるけれど、韓国の若者がアレンジして使っていると、とても新鮮に見えて可愛い！大きいキューブサイドテーブルは、シンプルな部屋のポイントに。ミラーやコスメやキャンドル、ちょっとした小物を置くのによいプレートなら、さりげなく遊び心ある雰囲気に。近年、韓国ではインスタグラムを意識してお店やプロダクトが作られる傾向が強いですが、インテリアもその域に来ている模様。もちろん全部ではないですが、「可愛い」の見せ方や飽くなき研究心は本当にすごい。カラーバリエーションも豊富でタイルは18種類、ラインは36種類もの中から選択し、カスタム制作可能。

憧れのもの

キューブサイドテーブル 230000ウォン
プレートS 70000ウォン
全身鏡 790000ウォン

#거울샷（コウルショット／鏡ショット）にぴったりなミラー（190000ウォン）。

neatty pretty	니티 프리티
実店舗	なし
Instagram	@neatty_pretty_
online shop	なし。インスタグラムのDM（韓国語or英語）から発注可能（制作期間は最低2〜3週間）
海外発送	可

インテリアデザイナーの父親と、ファッションを学んでいた店主（息子）が親子で運営しています。

miss nylong

江原道旅行で遊びに行きたいショップ

実は、もうこれ以上食器を増やさないでくれと、同居人に釘を刺されている。3LDKの広々とした部屋に収納だって十分。それでも、私がちょこまかと集めたものが、どんどん収納スペースを埋めていき、そろそろまずいレベル。だけど、miss nylongのオンラインショップを見てしまうと、どうしようもなく胸が高鳴る。特に純情を捧げているのが、日本のブランドなのにここで初めて知ったMIKASAのヴィンテージ食器。1965年に誕生して以来、アメリカを中心に世界各国で愛されたブランドで、一流レストランでも愛用されているのだそう。古きよき時代のエッセンスが詰め込まれた器たちとの出会いは、まさに一期一会! ぼーっとしていたらすぐに売り切れてしまうので、今ここでしか出会えないエモさを大切にしながら、運命の一品をそっとカートへ入れている。

買ってよかったもの

**MIKASA White pine cup & saucer set, creamer
1979-1982** 50000ウォンくらい（写真左ページ上）

Rorstrand Ostindia EastIndies TeaCup & Saucer 35000ウォンくらい

MIKASA Trellis 1987 31000ウォン

HUTSCHENREUTHER Vintage Flower 36000ウォン

並べて眺めているだけで幸せな気持になる、優雅な食器たち。おいしいケーキやパンを買って帰った日は、とっておきのお皿に出してホームカフェをすることも。クロップルをテイクアウトして、バニラアイスにメープルシロップをかけて食べるときにもぴったり。

ひとつひとつ丁寧に包んでくれる店主さん。お店の雰囲気そのままの、おっとりと物腰柔らかな素敵な女性。

江陵市街にある実店舗は、とっても可愛い空間。アクセスのいい場所にあるので、雑貨好きの方が江陵を旅行するときにおすすめ。2階のカフェでは、ゆっくりくつろげます。

miss nylong 미쓰 나이롱	
住所	江原道 江陵市 臨瀛路180番キル 16
	（강원도 강릉시 임영로180번길 16）
営業時間	12:00-18:00
定休日	火〜木
Instagram	@miss_nylong
online shop	http://m.miss-nylong.com/
海外発送	日本からの購入は @gobuykorea に問い合わせ

ARBEL

美しいドリップコーヒー
メーカーで朝型生活を目指す

韓国で、長く使える良質な暮らしの製品を作っている、ライフスタイルブランド。ミニマルながらも機能的。有害物質を避け、石油基盤的オイルを一切使用せず、安全性が立証された材料のみを使用し作られているそう。毎日の暮らしで使うものだから安心して使えるところも、機能面とデザイン面が両立しているところも嬉しい。半分寝ぼけたままでも、コーヒーを淹れているとだんだんと目が覚めてくるので、必需品。朝気分の上がるコーヒーグッズは生活の潤いでもあります。

買ってよかったもの

Drip Coffeemaker

147000ウォン

ひとり暮らしの小さなキッチンが一気に華やぎ、朝から優雅な気持ちに。コーヒーといえば、最近ソウルのカフェで人気なのがディカフェ。少し前までは全然なかったメニューなのに、ここ最近ディカフェを扱うカフェが急増中。カフェオーナーたちも、コーヒーよりディカフェが人気だと驚いています（2021年夏現在）。

ARBEL 아르벨
実店舗　　　なし
Instagram　@arbel_house
online shop http://arbel.co.kr
海外発送　　不可

LIVING CREATOR

環境に優しく食生活に役立つアイテム

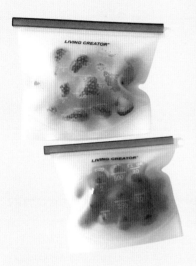

韓国の友人宅に一緒に住んでからというもの、本当に食に恵まれた生活をしています。友人のオモニ手作りのおいしいおかずに、自家製キムチが冷蔵庫にはいつもぎっしり！しかし我が家にはキムチ用冷蔵庫がないため、大好きな苺を冷蔵庫で冷やしていると、どうしても匂いがうつってしまう……。なので、苺は洗った状態でシリコン保存パックにイン！果物を保存したり、冷凍しておいたスープや出汁をそのまま湯煎して温めたりと、食生活を支えてくれている便利な保存パックです。

買ってよかったもの

密封王 シリコン保存パック
500ml 5900ウォン／1000ml 7900ウォン

このネーミングセンスが何とも韓国らしくて、味わい深くて好き。名前とは裏腹にシンプルで小洒落たデザインのシリコン保存パックは、沸騰したお湯に入れてもOK（250℃まで耐熱性あり）、電子レンジ、食器洗浄機、冷蔵・冷凍可能と、とにかく便利！見た目も可愛らしく、何度も使えるので、ビニールゴミを減らすこともできて環境にも優しい。時短アイテムとしても使えるエコなグッズです。

piknicでも販売中（@piknic.kr）

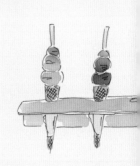

LIVING CREATOR 리빙크리에이터

実店舗	ソウル市内のセレクトショップで一部購入可。HP、またはインスタグラムを確認
Instagram	@livingcreat.or
online shop	https://www.livingcreator.com
海外発送	不可

韓国カフェグッズコレクション

韓国カフェはグッズまで可愛いから、何個あってもつい新たに購入してしまう。
ひとりでこんなに使うの? と自問自答しながら、まだまだ増えそうな予感……。
愛しのカフェのグッズたち、日々大切に使っています。

01 Ofco house #오브코하우스 ソウル特別市 城東区 ソウルの森6キル 17 (서울특별시 성동구 서울숲6길 17) Instagram … @ofcohouse

02 Avecel shop & cafe #아베크엘 ソウル特別市 龍山区 トゥトッパウィ路69キル 29 (서울특별시 용산구 두텁바위로69길 29) Instagram … @avec.el

03 Fritz coffee #프릳츠 苑西店／ソウル特別市 鍾路区 栗谷路 83 (서울특별시 종로구 율곡로 83) Instagram … @fritzcoffeecompany

04 Coffee Libre #커피리브레 延南店／ソウル特別市 麻浦区 ソンミ山路 198 (서울특별시 마포구 성미산로 198) Instagram … @coffeelibrekorea

05 Milestone coffee #마일스톤 커피 ソウル特別市 江南区 論峴路 159キル 49 (서울특별시 강남구 논현로159길 49) Instagram … @milestone_coffee

06 Camel coffee #카멜커피 烏山店／ソウル特別市 江南区 烏山大路45キル 16-8 (서울특별시 강남구 도산대로45길 16-8) Instagram … @camel__cafe

07 **BOOT CAFE** #부트카페 ソウル特別市 鍾路区 紫霞門路46〈서울특별시 종로구 자하문로 46〉 Instagram
…@bootcafe.seoul

08 **LAKE COFFEE BAR** #레이크커피바 ソウル特別市 麻浦区 東橋路22キル38〈서울특별시 마포구 동교
로22길 38〉 Instagram…@lake_coffeebar

09 **TYPE** #타이프 三清店／ソウル特別市 鍾路区 三清路22-9〈서울특별시 종로구 삼청로 22-9〉 Instagram
…@type.samcheong

10 **Coin de Paris** #꼬앙드파리 ソウル特別市 松坡区 馬川路7キル18〈서울특별시 송파구 마천로7길
18〉 Instagram…@coindeparis_

11 **USEFUL ATELIER** #유즈풀 아뜰리에 ソウル特別市 城東区 ソウルの森2キル18-8〈서울특별시 성동
구 서울숲2길 18-8〉 Instagram…@useful_atelier

12 **AUFGLET** #아우프글렛 延南店／ソウル特別市 麻浦区 ソンミ山路31キル11〈서울특별시 마포구 성
미산로31길 11〉 Instagram…@aufglet

13 **dukes coffee** #듁스커피 ソウル特別市 麻浦区 オウルマダン路2キル10〈서울특별시 마포구 어울마당
로2길 10〉 Instagram…@dukes_coffee_korea

＊定休日はインスタグラムを要確認。
＊紹介しているアイテムには限定品もあるため、現在販売していない場合があります。

Column2

2年間の韓国生活を送ってみて

　この本を書いている2021年7月現在、日本に帰国せずに1年以上が経ちました。最後に帰国したのは2020年2月、NCT DREAMの神戸公演のとき。日韓たくさんの方に協力いただいたおかげで、ソウルにいながら留学ビザへ切り替え、そのまま韓国にいることができています。ハングルの読み書きと日常会話はできたので、本格的な韓国語の勉強は忙しさを理由に避けてきましたが、ここにきて腹を括り、学生生活をしながら働く日々です。留学ビザをきっかけに外国人登録を行うと、正式な携帯電話番号の取得（これがないと様々な場面で本人認証ができず不便）や銀行口座の開設（観光ビザでも家の契約書があれば開設できたけれど制限が多かった）など、できることが格段に増え、生活が楽に！　憧れの「계좌 이체（ケジュア イチェ／振込・振替・口座振替）」も

できるようになったので、チェックカード1枚あればどこへ行くにも事足りるライフ。財布がどんどん小さくなり、今は名刺入れを財布として使っています。韓国はキャッシュレス社会なので、どこでもカードが使え、カードだと割高になる場合もその場で送金すれば現金と同じ扱いをされる場合がほとんど。家も暗証番号キーなので、鍵も持ち歩かなくなりました。もう、ミニマル化への拍車がかかって止まりません（笑）。

　韓国に来てから、ずっとひとり暮らしをしていたけれど、昨年夏からソウル郊外・京畿道の新都市にある韓国の友人宅に住んでいます。年下だけどオンニ（姐さん）感がすごくて、勝手にオンニと呼んでいますが、こんな家、到底買えないし借りられないわ……という立派なアパート（日本でいうマンション）なので、なんと

＊チェックカード＝交通カードとデビットカードが一緒になったもの。

106

浴槽もある！広々としたキッチンも装備された、綺麗な3LDK。ニュースでご存知かもしれませんが、ソウルは家の高騰がすごすぎて、買うにしても借りるにしても、正直しんどい。手頃な価格でいい家を見つけようとしたら、断言してもいいですが、本当に本当に大変です。こうして、水まわりが綺麗で、虫が出ない高層階に住みたい！というわがままな要求をしていた私は、インソウルを早々に諦め、友人の家にやって来たのです。Yes, 他力本願。家賃は諸々込みで8万円。

ひとり暮らしに慣れていたので、誰かと暮らすなんてできるだろうかと不安でしたが、オンニが規則正しい生活を送る人なので、気持ちが引き締まるし、お互いカフェもインテリアも大好き。「今日はどこに行くの?」「お疲れさま〜」と言い合えるのもいいものだし、韓国暮らしはひとり分の料理を作るのも、ひとり分のペダル（ウーバーイーツのようなもの）を頼むのもコスパが悪くて高くつくけれど、ふたりなら料理を作るのもペダルを頼むのも非常にコスパよし！

突然チキンが食べたくなって夜にペダルでチキンを頼んだり、極寒の日にプチゲを食べようと材料を買って帰ったら、オンニも同じことを考えていて大量に材料が揃ったり、暑い夏はコンビニでピンスを買って夜にテレビを見ながら食べたり。そんななんてことない暮らしが、新鮮でおもしろいです。ちなみに、今までに作って一番喜ばれた日本の料理は、カニ玉と焼きそば、シャケのホイル焼きです（料理の腕が必要ない簡単なものばかりなのはご愛嬌）。

韓国に来て初めて住んだのは、地下鉄4号線・誠信女大入口駅から徒歩2分のオフィステル。新築で、浴室も綺麗で、8階。一面窓だから、沈む夕焼けや朝焼けがとても綺麗で、その風景を見るたびに韓国に住んでいるんだな〜と幸せを感じていました。1階には警備員のおじさんが常駐しているし、かなり好物件でした。

次に住んだのは江南区・論峴洞。近所に友人がたくさんいるし、江南区に一度住んでみたかったんです。ビラ（日本でいうアパートタイプで、室内もとても綺麗だったけれど、トイレがすぐ詰まってしまうこととコバエの発生に悩まされ、引っ越すことに。歩いて江南駅や狎鴎亭ロデオに出られるし、クラブ・オクタゴンや毎日高級車が連なるEDIYA COFFEEのすぐ近くというパリピな立地で、ソウルライフを存分に楽しみました。

SHOPPING IS CHEAPER
THAN THERAPY

Fashion
in Korea

KEEP
IT
CLASSY

シンプルなのになんでこんなに可愛いんだろう?? と
不思議なほど魅力のある、メイドインコリアウェア。
韓国・現地の大人女子たちに人気かつ、
大好きなショップだけを厳選してお届けします。

UNLABELED COLLECTION

シューズもこちらのオリジナルアイテム。美しいラインと絶妙な色味にうっとり。

1960年代のクラシカル好きにはたまらないブランド

私は韓国の人たちのフィルターを通した"フレンチシック"が大好きで、韓国に住んでか
らより一層惚れ込んでしまい、カフェもファッションもインテリアも全方位で追っていま
す。そう、もはやヲタク。だからこそ、UNLABELED COLLECTIONのデザイナーさんたち
が体現する世界観は、もう例えようがないくらい好き！ デザインを手掛けるおふたりの
インスピレーションは、洗練されたヨーロピアンクラシック。映画『La Collectionneuse』
(1967)に出てくる主人公・Haydeeのスタイルに影響を受け、ナチュラルかつ優雅なフレ
ンチルックを提案しようと、2014年にUNLABELED COLLECTIONをスタートさせたそ
う。1960〜70年代のエッセンスがたっぷり入ったクラシカルなスタイルは、大人だから
こそ取り入れやすいものばかりです。

UNE FEMME
TRENCH COAT 19F/W
253000ウォン

定期的にクリーニングに出し、メンテナンスしながら、かなりヘビロテ中。クシャッと丸めて置いたり、ガサツに扱っているにもかかわらず、まったくへこたれず今も元気に活躍中。シワがつきにくい光沢感のある生地なので、顔映りがよく、カジュアルなスタイルも上品に仕上げてくれるところも好き。ベルトは普通につけるより、適当に結んで締める方が抜け感が出て、こなれて見えるそう（by 小慣れたおしゃれが上手な韓国女子）。

un blue jean (20S/S)
148000ウォン

ジェーン・バーキンが穿いていそうなこのフレンチ感、ネ・スタイル（私のスタイル）すぎて即決。白Tと合わせるだけで十分可愛い！

ワンピースも可愛い！

ソウルの若者に人気のヒップなエリア。その片隅にひっそりと、週末だけオープンしているショールーム。静かな空間でゆっくりと試着もできます。

UNLABELED COLLECTION 언라벨 컬렉션

住所	ソウル特別市 麻浦区 オウルマダン路21 201号 (서울특별시 마포구 어울마당로 21 201호)
営業時間	13:00-18:00（予約制）
定休日	土日
Instagram	@unlabeled_collection
online shop	http://ayde.kr/
海外発送	可

regular

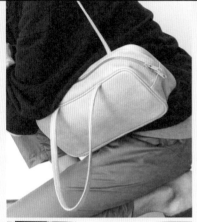

シンプルで軽い!
ソウル女子に大人気のバッグ

感度の高いソウル女子の間で、大人気のバッグ。ゆえに、このバッグを持っている女子とよく遭遇します。延南洞^{ヨンナムドン}にあるショールームは、毎週日曜のみオープン。古びたビルの中にあり、とてもわかりにくいのでご注意を。こちらのバッグは、とにかく軽い! 重いバッグは結局持たなくなるから、軽さ is 大事。デニムとシャツだけのシンプルなスタイルの日も、小洒落た印象に変えてくれるバッグです。

買ってよかったもの

Boston shoulder bag

(white) 230000ウォン
・・・・・・・・・・・・・・・・・・・・・・・・・・・・・
ファーストインプレッションに従い、白をセレクト。白いブラウスを着ているとき、必ずキムチや麻辣湯、チゲの汁などで汚してしまうので「白」への緊張感は重く、日々汚れとの恐怖に戦いながら、大切に大切に使っています。白いバッグというだけで、ことのほか緊張感があるけれど、全体的に黒っぽくなりがちな冬場のコーディネートにパァッと明るさを一差ししてくれる、ジュエリー感すらあるバッグ。

 regular レギュラー

住所	ソウル特別市 麻浦区 ソンミ山路29キル 33 301号 (서울특별시 마포구 성미산로29길 33 301호)
営業時間	13:00-18:00
定休日	月〜土
Instagram	@regular.kr
online shop	http://regular.kr/index/
海外発送	不可

SYSTEM

百貨店パトロールが楽しくて

最近、一周回って韓国の百貨店パトロールが楽しい！ 特にお気に入りのギャラリア百貨店は、韓国の若手デザイナーズからハイブランドまで、多種多様なブランドをチェックできて面白い！ そんな空間で、いつもなら手に取らないであろうストリートブランドを発見。なぜか惹かれて、ブラックパンツを試着したら、これが大正解！ 足が細く長く見え、しかも軽くて柔らか、上質なスウェット生地。シンプルイズベストという言葉がぴったりな美脚ブラックパンツは、裾のスリットもお気に入り。

買ってよかったもの

スリットヘムバンディングパンツ Black
215000ウォン

スニーカーを履くことが多いので、ヒールを履かなくても脚が綺麗に見える丈をスタッフさんと相談しながら調整。丈のお直しは2〜3日で完成し、自宅まで配送してもらいました。韓国のアパレルスタッフさんは無愛想なのが通常運転でしたが、ここ数年で接客スキルがグッと上がっているような気がします。どスルーされながら自由に振る舞えるのも、それはそれでいいんですけどね。丈のお直しをしたいときは「바지길이를 조절하고 싶어요 (パジキリルル チョジョルハゴ シッポヨ)」と言えばOK!

SYSTEM ギャラリア百貨店 名品館WEST 시스템

住所	ソウル特別市 江南区 狎鴎亭路343 (서울특별시 강남구 압구정로343)
営業時間	10:30-20:00 (金〜日・祝は20:30まで)
定休日	百貨店休館日に準ずる
Instagram	@systemofficial
online shop	http://www.thehandsome.com/ko/b/br03
海外発送	不可

LOW CLASSIC

韓国は、日本と靴のサイズ表記が違うのでご注意を!

出会ってしまった! 名品ニーハイブーツ

明 洞パトロール中にたまたま出会ってしまった、羊皮で柔らかな履き心地、足取り楽々
な軽さ、シックな雰囲気を纏える質感。大人も満足感たっぷりの、これこそまさに探し
求めていた理想のニーハイブーツ! オープンザプライス! 758000ウォン(約75800
円)!「とてもじゃないけど買えない……」と、その日はすごすごと帰宅したことは言うま
でもありません。でもどうしても諦めきれず、数ヶ月間悩み続け、毎日HPをチェックし
ていたのち、見事セール価格5万円台まで値下げされたので、高らかに「イゴジュセヨ!
(これください!)」いたした次第。それでも清水の舞台から飛び降りる気持ちで、できれば
5年は履きたいなと思っているのでした。同じく半額になっていた、同ブランドのブラウ
スワンピースと一緒に合わせると、甘辛スタイルですんごく可愛いのです。

買ってよかったもの

20FW SQUARE TOE
LONG BOOTS – BLACK

758000ウォン

映画『プラダを着た悪魔』のシャネルルックに憧れ、ずっと理想のニーハイブーツを探していたのですが、これがなかなかない。プチプラだと悲しいかな、年齢が出てしまい安っぽく若作りした印象になるし、長さが好みでなかったり、質感が苦手だったりと何年も出会えていなかったのです。やっと出会えても値段が値段なので、頭を抱えていると、浮かんできた「いい靴を履くと、いい場所へ連れて行ってくれる」というワード。これ、本当に魔法の言葉ですよね……。

韓国ではブランド物や高価な商品のことを「名品（ミョンブム）」と言うのですが、韓国の友人にこのブーツの話をしたところ「これは名品だよ！」とお墨付きをもらい、なんだか安心しました（笑）。

『そもそもウチには芝生がない』（双葉社刊）という漫画の中で、アラフィフの主人公たちが若い頃に無理してでも買っておけばよかった！と悔やむシーンを読んだことが、「履けるうちに買わなきゃ！」と背中を押された理由のひとつ。

LOW CLASSIC 로우클래식

住所	明洞店…ソウル特別市 中区 明洞8キル 8-13 （서울특별시 중구 명동8길 8-13） 新沙店…ソウル特別市 江南区 論峴路 159キル 57（서울특별시 강남구 논현로 159길 57）
営業時間	12:00-21:00
定休日	なし
Instagram	@lowclassic_seoul
online shop	http://www.lowclassic.com/
海外発送	不可

SAL THE & SMOKYALICE

デイリー使いできる
キレカジアイテム

韓国は冬が極寒なので、夏も涼しいのかと思いきや暑い。猛暑。しかも地球温暖化の影響か年々暑くなっているようで、「昔はこんなに暑くなかった!」と韓国の友人。外はうだるような暑さなのに、地下鉄や大型施設の中はものすごーく冷えるので、夏場でも外出時は、できるだけ薄手のカーディガンを持っています。昔、節約のために早朝の仁川(インチョン)空港着便を使っていたとき、真夏なのに朝の地下鉄車内が凍えるような寒さだったことがトラウマで、ノースリーブを着るときは必ず、上着を携えて出かけています。

買ってよかったもの

7204_SAL_CROP CARDIGAN
54000ウォン

透け感ある薄手のカーディガンは、春から秋先まで大活躍。ベーシックなデザインとほどよいタイトさで、パンツでもスカートでもワンピースでもどんと来い! な安定感。スウェットパンツにも合うので、楽ちんさが止まらない。コンパクトに畳めて軽いので、冷え対策として持ち歩いています。

SAL THE & SMOKYALICE 스모키앨리스

実店舗	なし
Instagram	@smokyalice_com
online shop	http://smokyalice.com
海外発送	不可

UIJI

高級住宅街で見つけた
上品で可愛い一点

ソウルの中でも城北区は、新興富裕層や成功した芸能人が多く住む漢南洞・ソウルの森と並び、代々続く名家が連なるといわれる高級住宅街が多数存在するエリア。映画『パラサイト』の社長宅の撮影地でもある、高級住宅街にあるカフェ(in山頂)へ行った帰り道に見つけたショップ、UIJI。一面ガラス張りの小さなお店から見えた洋服が可愛くて、テイクアウトしていたコーヒーを外に置き、吸い込まれるように入店。1990年代のミニマルでクラシカルなスタイルをテーマに、社長兼デザイナーさんが洋服を作り、ひとりで切り盛りされているお店です。

買ってよかったもの

Square neck Cardigan Black
78000ウォン
....

上品なラインを保ってくれる、首元の開き具合がファビュラス。ボタンを閉じても開けて着ても、レディライクにしてくれるトップス。黒地に白ボタンがキュート。ショールームで購入すると、全商品10%引きされるのも嬉しい。

UIJI 유아이 제이아이

住所	ソウル特別市 城北区 先蚕路 12-5 102号 (서울특별시 성북구 선잠로 12-5 102호)
営業時間	11:00-19:00
定休日	日
Instagram	@ui.ji_official
online shop	https://www.uiji.co.kr/index.html
海外発送	不可

rornnii

"オーダーシューズを買う"という特別な時間

韓国あるある「こんな普通の場所に、こんな素敵な店が?!」現象が発生する、平凡なビルの1階にあるオーダーシューズ専門店rornnii。小さい頃に夢見たような、『SEX AND THE CITY』のキャリーばりな、壮観なオープンシューズクローゼット。色ごとに並んだクラシカルな靴たち。好みの靴を見つけたら早速試し履きし、歩きやすさと履き心地のよさに驚く。購入する靴を決めたら、オーダー。靴先のステッチの有無や、ヒールのデザインを数種類の中からセレクト。また日本の人は足幅が広い人が多いからと、足幅のサイズまで調整してもらえる。足幅広い族にとっては本当に嬉しいサービス。情緒ある、ロマンティックなデザイン。レディなスタイルに格上げしてくれるオーダーメイドシューズは、作る時間も含めて楽しい思い出になるはず。

買ってよかったもの

Twotone Lady Loafer Glossy
White & Glossy Black
208000ウォン

ヒールの靴を買うなんて、いつ以来? ぺたんこ靴orスニーカーオンリーだったのに、出会うべくして出会ってしまった、シンデレラシューズ。履いた瞬間、自分の顔がパッと輝いたのを見逃しませんでした(Really?)。厚めの中敷が敷かれているので、弾力があり歩きやすく、5cmヒールなのに安定感チェゴい(=最高)。靴先のステッチは有り、ヒールは一番モードで安定感あるものに。約3週間で完成し、自宅に配送してくれます。1:1の注文制作のため、注文後のキャンセル、交換、返品は不可。海外配送料を追加すれば、日本への配送も可能。

デザイナーでもある店主は、フランスでファッションの学校を卒業したのち、神戸のシューズ会社に就職。2016年、釜山にお店を開きブランドをスタートさせたのだそう。

ブランド創立当初から作られている人気のデザイン。今でも人気が高いのだそう。

期間限定で販売されていた刺繍が美しい手提げポーチは、生地に厚みがあるのでカメラ入れとして愛用中。おばあちゃん感のあるレトロ渋い柄、大好きです。

rornnii 로르니	
住所	ソウル特別市 龍山区 漢江大路 40 キル 39 1F
	(서울특별시 용산구 한강대로 40 길 39 1F)
営業時間	インスタグラムを確認
定休日	インスタグラムを確認
Instagram	@rornnii
online shop	http://m.rornnii.com/
海外発送	rornnii.cs@gmail.com にメールで問い合わせを

voca vaca

少女的感性のある
大人ロマンティック

長年ファッション業界で働いていた代表が、自身の世界観を反映した服を作ろうと独立し、2018年に立ち上げたブランド。少女的な感性のあるロマンティックなスタイルは、自分の中にある眠っていた乙女心をうずかせる。甘くて大人ガーリーなデザインは、主に30代から支持を得ているのだそう。歳を重ねるごとに、可愛いものを身につけることに対して躊躇することがよくあるけれど、voca vacaの服は、大人でも自信を持って着ることができます。

買ってよかったもの

Grandma Pearl Button Cardigan
158000ウォン

名前通り、おばあちゃんが着ているようなカーディガン。アクセサリーのように煌めくボタンまでキュート。淡いパープルの色味が肌の色を綺麗に見せてくれて、少しだけホワンとするシルエットも、片袖の切り替えも、ひねりが利いています。

voca vaca 보카바카	
実店舗	なし
Instagram	@vocavaca
online shop	http://m.vocavaca.com
海外発送	一部可能

SAPPUN

ぺたんこシューズが
おすすめのプチプラブランド

韓国好きの方ならみなさんご存知、人気プチプラシューズブランド。数々の失敗を経て、韓国でプチプラ靴を買うときは「ヒール靴・足の底が薄いものは買わない」というマイルールを定めています。もちろん中には掘り出し物もありますが、安いものは安いなりという認識が強くなり、お値段以上の品質を期待することが減りました。SAPPUN も例外にもれず。私の足にはヒールものは合いませんが、ぺたんこシューズはとても優秀！

買ってよかったもの

ベーシックローファー 30000ウォンくらい

クラシカルスタイル大好き人間として、ローファーはもちろん大好きなわけで。デザインの可愛さに加え、2cmほどヒールがあるので足元がもったりせず綺麗。足底が厚めで中敷ありと好条件。プチプラなのに初めて履いたときから靴擦れもせず、大満足！ 厚手の靴下を履くなら、0.5cmサイズアップした方がいいかも。

SAPPUN カロスキル店 사뿐 가로수길점

住所	ソウル特別市 江南区 島山大路11キル 42
	（서울특별시 강남구 도산대로11길 42 ）
営業時間	11:00-22:00
定休日	旧正月・秋夕の当日
Instagram	@sappun_japan
online shop	http://www.sappun.jp/
海外発送	可（日本公式サイトあり）

121

MOONDAL

ウディ・アレン監督の映画『ミッドナイト・イン・パリ』『ローマでアモーレ』『カフェ・ソサエティ』が
好きだというデザイナーのおふたり。ハンサムガールという言葉がぴったりの素敵な女性たちです。

"natural, yet classy"

流行に左右されない、上質でベーシックなアイテムを作り続けているMOONDAL。「文達
／ムンダル」には「自分たちが本当に着たい、求めている服だけを作り続けよう。世の女
性たちそれぞれが持っている美しさや、魅力を際立たせるような服を作りたい」という思
いを伝えるという意味を込めているのだそう。洗練された気品あるスタイルが魅力で、こ
この服を着ているときは心が落ち着く気さえします。質がよく心地よいものを着ている
ときは気分がいいし、自分を高めてくれる服を長く大切に着たいという思いは年々上昇
中。高いものを買えばいいと言うわけではないけれど、安物買いの銭失いにならないよう
にしたいものです。

買ってよかったもの

Hayse knit / Gray (2020FW)
163000ウォン

30代になると、見るからに安っぽい生地の
服を着ていると疲れて見えたり、顔が浮いて
見えたりするので、生地選びこそ重要だと実感。柔
らかなホワイトグレーのニットを着ると、上質な人間になったよ
うな錯覚を起こさせてくれ、肌の色も綺麗に見せてくれる。鮮や
かなグリーンやブルーなど、普段は手に取らないような鮮やかな
色味でも、MOONDALのものなら上品な華やぎを与えてくれるの
で、気兼ねなくチャレンジできるのです。

Deep V-neck Knit / Oat beige
(2020FW)

123000ウォン

友人がこのグレーを着ていた姿がとても素敵で、
色違いを購入。インナーにシャツを着てもよし、
チクチクせず肌触りがよいのでそのまま胸元を
開けて着てもよし。

韓国は北国だからなのか、ニットや
アウターがしっかり暖かい作りに
なっているのでは。旅行で来てい
たときも、冬場になるとニットとア
ウターは必ず韓国で購入していた
ほど。極寒仕様なのか、ちゃんと風
を防いでくれている気がします。

MOONDAL 문달

住所	ソウル特別市 龍山区 梨泰院路 242 2F (서울특별시 용산구 이태원로 242 2F)
営業時間	12:00-19:00 (昼休憩 14:00-15:00) 予約営業。HP を確認
定休日	日〜火
Instagram	@moondal_official
online shop	https://www.moondal.com/index.html
海外発送	不可

STUDIO TOMBOY

長年使えるベーシックアウター

「形の綺麗なアウターなら、ここがいいよ」と韓国のアラサー友達におすすめされ、まんまと購入。コートは羽織るとしっとりと暖かく、形も崩れずに綺麗。そんなに厚手ではないのに、韓国のアウターは極寒仕様なのか、さすがの暖かさ。2020年の冬は、凍えるような寒さの中このコートを着て、ソウルの洗練された大人女子みたい！と気分を上げていたものです。ジャケットはシルエットが本当に綺麗でコーディネートがキマるし、仕事着にもいいしと、デイリーアイテムに。2000年代初期に学生たちから人気のあったブランドで、最近その品質のよさから大人の間で人気が再燃しているのだそう。流行を問わず長い間着ることができるので、ベーシックなアウターが欲しいときに、まずチェックするブランドです。

買ってよかったもの

ロングコート 20F/W
450000ウォン弱

このコートを買ったとき、私が着倒してくたびれたコートを着ていたものだから、友達から「オンニ、そのコートここで処分してもらったら？ みすぼらしくて、見てられなかったよ」と悲しそうな目で訴えられた思い出。ちゃんとその場で処分してもらいました（完）。

ステッチテーラードジャケット
259000ウォン

セール価格の155400ウォンでお得に購入。仕立てがしっかりしているので、シルエットがとにかく綺麗！ 着ると気持ちにハリが出るジャケット。

ロッテ百貨店などに実店舗あり。コートはデザインによってはかなりオーバーサイズなので、試着して購入することを強くおすすめします。

STUDIO TOMBOY 스튜디오 톰보이

住所	ロッテ百貨店本店…ソウル特別市 中区 南大門路 81
	(서울특별시 중구 남대문로 81)
営業時間	月〜木 10:30-20:00／金〜日祝 10:30-20:30
	＊ロッテ百貨店に準ずる
定休日	不定休（月1回）、旧正月、秋夕の前日と当日
	＊ロッテ百貨店に準ずる
Instagram	@studiotomboy
online shop	https://m.sivillage.com/main/initMain.siv
海外発送	不可

& Other Stories

おはようから
おやすみまで全部

H&Mによるライフスタイルブランド。ソウル旅行のたびに訪れていたショップで、フレンチシックなアイテムも、ボディケア用品やコスメも、今までどれだけ買ってきたのやら。日本未上陸なのが残念すぎる。アトピー持ちの敏感肌だけれど、こちらのボディケア用品で肌荒れしたことは、今のところ皆無。浴室をアップグレードしてくれる香りとパッケージも魅力的。毎シーズン、新作が出るたびにハートビートしてしまうけれど、海外サイズなので勢いでポチらずに、試着して買うようにしています。

買ってよかったもの

レザーの
ショルダーバッグ

100000ウォンほど

- - - - - - - - - - - - - - - - - - -

デニムを穿くことが多いので、かなり重宝しているバッグ。韓国に住み始めてからというもの、日に日にバッグも財布も小さくなっていく不思議。軽いバッグなので、できるだけいつも身軽でいたい！ という人にぴったり。

& Other Stories 앤아더스토리즈

住所	ソウル特別市 江南区 狎鴎亭路 342
	(서울특별시 강남구 압구정로 342)
営業時間	11:00-21:00
定休日	なし
Instagram	@andotherstories
online shop	https://www.stories.com/en/index.html
海外発送	不可

ARKET

入店制限がかかるほど
大人気！

今年2月にアジア初上陸したH&Mの大人向け
ブランド。価格帯はH&Mよりは高いけれど、
ミニマルで物がよく、長く愛用できそうなベー
シックアイテムばかり。オープン日の午前中に
は、エコバッグ（9000ウォン）が完売。1日に販
売できる数量が決まっているようで、「明日の朝
一で来ていただけたら購入できるかもしれませ
ん」とのこと。韓国のインスタグラマーたちの間
でも人気で、一時は整理券が配られ入場制限さ
れていたほど。カフェはイートイン可能。パン
が本当においしいので、ぜひご賞味あれ。

買ってよかったもの

格子柄ニットベスト
80000ウォンほど

薄手のカットソー、フリルブラウス、淡いグ
リーンのプリーツワンピースと、欲しいものが
山のようにある中、ひときわ視線を奪われた
のが、格子柄のベスト。この格子柄の可愛さ、
トップクラスでは（誰）？ 格子の大きさや色が
絶妙！ 編みが丈夫で毛玉が出来にくく、育ちが
いいです感を与えてくれる優秀アイテムです。
EXOのスホが着てそう。

ARKET THE現代 ソウル店 아르켓 더현대 서울
住所	ソウル特別市 永登浦区 汝矣大路108
	（서울특별시 영등포구 여의대로 108）
営業時間	平日10:30-20:00／土日10:30-20:30
定休日	THE現代の休館日に準ずる
Instagram	@arketofficial
online shop	https://www.arket.com/en/index.html
海外発送	不可

＊カロスキル店が5月にオープンしたので、そちらもチェック
してみて。

NOTHING WRITTEN

Simple is best.

デニムを穿いてニットを着ているだけで、すらっと垢抜けて見える人に憧れる。フランスのインフルエンサー、カミーユ・ヨレーヌ（@camilleyolaine）のような……（そもそも顔面偏差値が爆裂高い）。あいにく持って生まれたセンスは偏差値3ほどなので、雑誌や映画を観たり、とにかく自腹を切ってたくさん服を買ってみて着て、学ぶしかない（この言葉は勉強で投資だ！と買い物をするときの自分への言い訳でもある）。けれど、服の力に頼りたいとき、助けてくれるのがNOTHING WRITTENのアイテム。ミニマルなデザインなのに、ディティールにこだわりが詰まっているので、着るほどよさを実感するブランド。例えば胸元の開き具合だったり、首の詰まり具合だったり、絶妙な丈感だったり。韓国の大人女子たちから熱い視線を集めているブランドで、アパレル女子たちからの人気も高いですよ。

買ってよかったもの

Soft crumb knit / Ivory
198000ウォン弱

首詰まりと七分丈の袖。肩の落ち方、細やかなこだわりがたまらなく可愛い！秋冬はヒートテックやブラウスをインして、春はそのまま一枚で着てもよし。シルエットが可愛いので、アウターなしで着たいところ。チクチクしない肌に優しい触り心地も好き。黒のキャミソールも一年中活躍してくれています（下写真）。

ソウルの大人女子たちを見ていると、プチプラ服をたくさん買うよりも、質のよいものを長く使うスタイルにライフシフトしている人が増えているように感じるこの頃。

漢南洞にある店舗は金・土のみオープン。小さなビルの3階にあり外階段のため、キャリーケースなどの大荷物を持って上がるのは大変かも。このエリアは坂道が多いので、荷物が多いときは最寄りの地下鉄6号線・漢江鎮駅のコインロッカーに預けることをおすすめします。

NOTHING WRITTEN 낫띵리튼

住所	ソウル特別市 龍山区 漢南大路27キル 36-63 3F
	(서울특별시 용산구 한남대로27길 36-63 3F)
営業時間	金 13:00-19:00／土 12:00-19:00
定休日	日～木
Instagram	@nothingwritten.kr
online shop	http://www.nothing-written.com
海外発送	不可

and you

流行に左右されない
大人の愛らしさ

韓国ドラマを観ていると、無性に主人公が着ている服が欲しくなることがある。実際に会社勤めの女性が着ていそうなリアリティあるブランドだと、なおのこと。美しい女優さん効果かスタイリストの力か、幸せを手に入れている主人公みたくなりたいと深層心理で思っているのかは不明だけど、気になる衣装を見つけたら、とにかく片っ端から検索! and youもまさにそんなときに発見したブランドのひとつで、少しレトロな雰囲気と少女的な愛らしさが漂うデザインが素敵な、浪漫派ブランドです。

買ってよかったもの

MALIBU detachable straptube top dress/Navy
198000ウォン

ドラマ『スタートアップ：夢の扉』でスジ（元missA・現在は女優）が着用していたワンピース。国民の妹、理想の彼女、生まれ変わったらスジになりたい! という想いが噴火してしまったのか、恐れ多くも購入。下手すると魔女っ子おばさんみたくなりそうなデザインだけれど、シルエットが美しく、大人が着ても可愛い。腰回りが細く見え、シワがつきにくい素材も気に入っています。

and you	앤유
実店舗	なし
Instagram	@andyou__official
online shop	http://www.andyou.style/
海外発送	可

Maman et Fille

心までキラキラ輝くような
煌めきをくれるジュエリー

漢南洞の住宅街にある、小さなジュエリーショップ。デザイナーでありオーナーのチョン・ミンギョンさんが手掛けるジュエリーは、クラシックで上品。可愛すぎず、どこかスパイスが効いているところも好き。いつものカジュアルなスタイルを、ささやかに格上げしてくれます。「Lili」「Einar」「Ulla」など、コレクションごとにコンセプトの異なる世界観を魅せてくれますが、特に感性が合ったのは「1920's」。映画『華麗なるギャツビー』時代のアメリカンファッションが大好きなので、映画を思い起こすようで素敵だと話すと、まさにそこからインスピレーションを得て作られたそう。

買ってよかったもの

Sequence pearl ring
108000ウォン

こちらのジュエリーを身につけていると、背筋が伸びるような、前向きな気持ちになれるから不思議。素敵なものを身につけているから、仕草まで綺麗でいたいと思うのでしょうか。シックでイノセントな魅力のあるジュエリーは、重ねづけするとまた違った顔を見せてくれます。

石によって価格に差はありますが、1〜2万円台で購入できるものも。

Maman et Fille 마망앤필레

住所	ソウル特別市 龍山区 漢南大路18キル 28 (서울특별시 용산구 한남대로18길 28)
営業時間	13:00-19:00
定休日	日月
Instagram	@maman_et_fille_seoul
online shop	https://www.mamanetfille.com/
海外発送	不可

重ねづけしたリングも、スタイルも素敵なチョン・ミンギョンさん。

FEMINIQUE

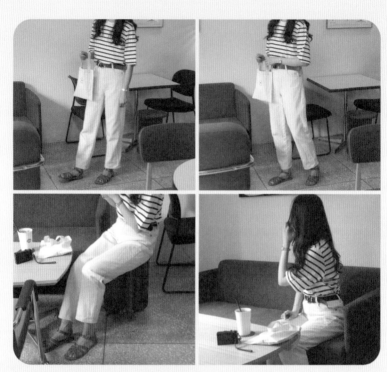

センス抜群のオーナーが切り盛りする
信頼のオンラインショップ

ネット大国・韓国には、星の数ほどオンラインショップが存在します。アパレルの仕事を
している方だけでなく、人気インスタグラマーが運営していることも多く、ファッション
のプロと一般人が入り交じり、まさに玉石混交！ つまるところ、ほぼみんな市場で仕入
れているので、別々のショップで同じ商品を見かけることも多々あるわけです。とはい
え、市場のあの恐ろしいほど膨大な量からいいものを選ぶのは、ものすごくハードな仕事。
時間も手間もかかり、なおかつほとんど試着もできないため、私はオーナーのセンスと目
利き力でお買い物するショップを選んでいます。信頼できるオーナーに出会えればシメた
もの。FEMINIQUE は店主のセンスが大好きで、パンツやカットソーをメインに購入。こん
な風に着たい！ と思わせられる高いディレクション力に惚れてます。

買ってよかったもの

Common Banding Pants 29000ウォン
黒パンツ 24500ウォン

ストレッチの利いたパンツはセール価格で購
入。ラインが綺麗で、くるぶし丈なところが韓
国女子っぽくて可愛い。パンツもカットソーも、
洗濯機と乾燥機にガシガシかけても型崩れせ
ず優秀です。

オリジナルライン「OF COURSE」のもの
が、特におすすめ！ 売り切れるのが早い
ので、欲しい！ と思ったら即買っておく
方がベター。

カットソー 19000ウォンくらい

首回りのラインと鎖骨の見え具合が綺麗で、カ
ジュアルながらほんのり女らしさをプラス。

FEMINIQUE 페미니크
実店舗　　　なし
Instagram　@feminique_kj
online shop http://shop2.garconne726.cafe24.com/
海外発送　　可（一部）

133

Margelle de puits

大人でも可愛く着られる
掘り出しものを探しに

森ガールのような、ゆる可愛いアイテムの割合が高いけれど、たまに大人でも可愛く着ることができる掘り出しものがあるので、漢南洞へ行くたびに、ちょこちょこ覗いてるお店。雑貨と服の割合は半々ほど。ナチュラルで気張らない雰囲気が漂っている、おっとり系ショップです（勝手に命名）。夏物のパフスリーブブラウスは、オーガンジーのような透け感と艶のある生地なので、子どもっぽさを抑えた可愛いアイテム。お店のボディには、エプロンのようなブラックロングワンピースとコーディネートしていてすごく可愛かったけれど、大人がこのまま着ると失敗した『魔女の宅急便』のキキみたいになりそうだと思い、断念。

買ってよかったもの
大人もいけるパフスリーブブラウス
50000ウォンくらい
- - - - - - - - - - - - - - - - - -
生地の性質上、パフスリーブのボリュームが少なく、ほどよくなだれた感じになるので、若干落ち着いた仕様に。フレアスカートで合わせると甘くなりすぎるので、デニムやパンツ、タイトスカートと合わせて着るのが好み。

Margelle de puits 마르젤 드 프이

住所	ソウル特別市 龍山区 梨泰院路54 キル40
	（서울특별시 용산구 이태원로54길 40）
営業時間	12:00-20:00
定休日	月
Instagram	@margelledepuits
online shop	https://smartstore.naver.com/margelledepuits
海外発送	不可

Goldy Mama

旅好きの店主がセレクトする ヴィンテージ＆ オリジナルアイテム

アパレルやインテリアショップを経営している方は、元々カルチャー好きが多いからか、日本が好きでよく旅行に行くよ！ という方との遭遇率がとても高い。こちらの太陽のように明るい店主も大の日本好きで、特に下北沢がお気に入りで以前はしょっちゅう行っていたそう。ヴィンテージアイテムの中には「FRAY I.D」など、日本のブランドのものも。手頃な価格のものからハイブランドヴィンテージまで揃い、オリジナルデザインで制作されている個性豊かなブラウスが可愛いので、ぜひチェックしてみて。

買ってよかったもの

オリジナルパフスリーブブラウス

50000ウォンくらい

絵本から飛び出て来たかのようなこの可愛らしさが、一目見て大好きに！ 麻で出来たブラウスは、真夏でも風通しがよく涼しくて、着心地よし。コケティッシュな可愛さだけど、ファンシーすぎるので実用性を求めず、もうオブジェのように愛そう！ と思い購入（笑）。

Goldy Mama 골디마마
新しいショールームとオンラインショップを準備中。
インスタグラムを確認
Instagram　@goldymama_boutique
online shop 準備中

YURT

歩きやすいシューズ
といえばここ！
職人が作るレザー専門店

柔らかで質のよいレザー専門店、YURT。バッグも人気ですが、断然おすすめなのがシューズ！韓国の道は舗装されていないところが多く、日頃から歩き回る生活なので、靴には何より「歩きやすさ」を求めているのですが、こちらの靴は履き心地が抜群なんです。漢南洞のカフェへ行ったとき、たまたま見つけた当ショップ。プチプラ靴で足を痛めていたこともあり、試し履きしたときは天にも昇るような気持ちに！身体への負担がスーッと減っていく感覚に感動しました。

買ってよかったもの

YSD0565_BK
189000ウォン

とにかく軽い。肩の力が抜ける軽さ、そして歩きやすさ！靴裏がゴム製で、スパイクのようにボコボコとした形になっているから、でこぼこ道もなんのその、スタスタ歩けます。たくさん散策したい日や地方旅へ行くときも大活躍。履き潰してボロボロになったけれど、無料でメンテナンスしてもらえ、綺麗に整って戻ってきました（物理的に修繕不可能な場合もあります）。

YURT 유르트
住所	ソウル特別市 龍山区 梨泰院路54キル 72 (서울특별시 용산구 이태원로54길 72)
営業時間	平日 11:00-19:30／土日 13:00-19:00
定休日	なし
Instagram	@yurt_official
online shop	http://en.yurtstudio.co.kr/
海外発送	可（革製品のため関税がかかる）

Blossom H Company

ソウルのアーバンガールに
なりたくて

韓国の女性は背が高くてスラッとしている人が多い。しかも骨格がしっかりしているからか、シンプルな服を着ても垢抜けて見えるし、スタイルアップする着こなしも上手。素敵だなと思う人を街中で見かけたら、食い入るようにチェックしているのですが、ついにソウルのアーバンガールたちが着ているようなウェアが揃うショップを見つけました。お仕事着を探している人にもおすすめなリアルクローズアイテムは、とにかくシルエットが綺麗！ ハンサムなスパイスも加わり、着ると女っぷりが上がる気さえします。インスタに上がっているスタッフさんのスタイリングも、素敵なので要チェック。

買ってよかったもの

Ｖラインニット

30000〜40000ウォン

とろみのある、肌触り最高のＶラインニット。コスパもよく、仕事着にぴったりなベーシックアイテムで、非常に重宝しました。大人になるにつれ、日に日に肌触りや素材が気になるんですよね。

カロスキルと狎鴎亭の中間、都会のエアスポットのような静かな場所にあるレディースウェアブランド。

Blossom H Company	블러썸에이치컴퍼니
住所	ソウル特別市 江南区 論峴路 153 キル 43 (서울특별시 강남구 논현로 153 길 43)
営業時間	10:00-20:00
定休日	日
Instagram	@blossom.official
online shop	https://blossomhcompany.com/
海外発送	可

Archivepke

ソウルの森でお買い物

ソウルの森にある2階建ての韓国家屋をモダンに改装した店内は、森の中のオアシスさながら。森林浴しているような気持ちいい空間で、のんびりショッピングができます。Archivepkeはバッグもシューズも羊革で作られているから、柔らかな手触りで兎にも角にも軽量。大袈裟なようですが、羽根のように軽い。そして美しいカラーバリエーション！レモンイエロー、コーラルオレンジ、淡いベージュ、深みのあるダークグリーン、コバルトブルー寄りのネイビーなど、カラフルながら落ち着いたトーンなので、コーディネートの邪魔にならず彩りを添えてくれます。韓国女子にはシンプルなスタイルが人気なので、バッグも黒率が高い。このときも店員さんに「やっぱり黒が間違いないよね」とおすすめされたので、まずは黒を購入。次は華やかなイエローを買いたいと狙い中。

買ってよかったもの

Small fling bag / black
149000ウォン

半月のような形が特徴的なシグネチャーアイテム、fling bagの小サイズ。大きいサイズなら日帰りで遠出するときにも便利。仕事用にと考えて大小どちらにするか悩んだけれど、結局小さいものに。クリップで留めれば、手毬みたいに丸くして使えると教えてもらったけれど、アレンジせずそのまま使っています（笑）。柔らかな触り心地で本当に軽く、容量もカードケース、リップ、ハンドクリーム、イヤホン、充電器を入れても十分余裕あり。

ソウルの森エリアは、可愛いカフェや雑貨屋さんがぎゅっと詰まっているので、一度にたくさん巡ることができて散歩するのが楽しい！歩くたび、素敵なお店が現れます。

試し履き用のヴィンテージチェアも素敵。窓枠の飾りや入口の扉など、所々にレトロな息遣いを感じます。

Archivepke atelier 아카이브앤크 아틀리에

住所	ソウル特別市 城東区 ソウルの森4キル7 (서울특별시 성동구 서울숲4길 7)
営業時間	11:00-20:00
定休日	なし
Instagram	@archivepke_atelier
online shop	https://smartstore.naver.com/archivepkeatelier
海外発送	不可

HOUSE-J

丈感が絶妙なプリーツスカートも可愛い。

日常使いできるウェアが揃う大人女子のためのお店

大人の女性のためのキレカジスタイルが大人気! 今すぐ着られる&使えるリアルクローズアイテムが揃います。漢南洞のカフェにいるような、シンプルな大人韓国女子スタイルが大好きなので、毎日のようにオンラインショップをチェックしては、さすがに買いすぎだと止めて、でもやっぱり厳選したものだけ買って……とループ。止まらない韓国オンラインショッピング沼! 初めて韓国オンラインショップを利用するときは、シワになりにくい素材のカットソーや無地のシャツワンピースなど、失敗する確率が低いものからチャレンジするのがおすすめ。また、オリジナルの製作ラインのジャケットは、日本の女性が着るとオーバーサイズになるものも多いので、着丈などショップに表記されているサイズをしっかりチェックしてから購入を。

買ってよかったもの

(OWN) モネツイードジャケット

115900ウォン

オリジナル製作されたジャケットは、購入前こそコンサバすぎるかと心配していたけれど、デニムにもスカートにもしっくり馴染むし、腰回りを少しだけ隠してくれる着丈も有能。春、秋はもちろん、冬はアウターの中に着倒している一着。レディライクなデザインが可愛くて、同じものを予備としてもう一着買っておこうかと思うくらい。ちなみに、仲よくなった近所のコンビニのアジョシ（おじさん）に、唯一「イェップダ！（キレイだね）」と褒められた服でもあります。いつもは一体どう思われているのだろう。

黒パンツはP132で紹介したFEMINIQUE、バレエシューズはP150掲載のofr.seoulのもの。タイトな黒パンツとのコーディネートはほどよいコンサバ感が出るので、仕事のときにもばっちり。

HOUSE-J 하우스제이

実店舗	なし
Instagram	@housejihye
online shop	https://www.house-j.co.kr/
海外発送	不可

オリジナル製作されている服は「#own_오운」タグから見ることもできます。

BONJOUR PROJECT

大人シンプル可愛い
大好きな EC ショップ

クリスマスが近づき、ソウルの街がイルミネーションでキラキラと輝き始める年末。インスタグラマー@eun_zzang さんのショップに突如現れた真っ赤なニットに心奪われ、購入。映画『ホーム・アローン』が脳裏に焼き付いているからか、毎年冬が来るたび、赤いニットを着たくなるのです。少しトーンダウンした絶妙な赤色が、肌を綺麗に見せてくれます。シンプルガーリーな服が欲しいときに覗くお店です。

買ってよかったもの

raccoon super merino wool knit／red
86000ウォン

柔らかな肌触りと、軽くて暖かな着心地。肩のラインが少し落ちていて、ゆるっとしたカジュアルな雰囲気が出ます。メイドインコリアの服は年々値上がりしているけれど、それでもやっぱり韓国製の服が可愛くて好き。

BONJOUR PROJECT 봉주르프로젝트

実店舗	なし
Instagram	@bonjourproject_official
online shop	http://m.bonjourproject.kr/index.html
海外発送	可

by MALLEE

仕事着にもおすすめな
リアルクローズ

クローゼットに何着入っているのかわからない
ほどたくさん買ってきた、足しげく通っている
お店。オンラインショップではなく、わざわざ
お店に行く理由は、親切なスタッフさんがいる
から。「このデザインよりこっちの方が似合うと
思うよ」「サリーはこの色より、こっちの色の方
が顔映りがいいよ」と率直なアドバイスをくれ
るのが嬉しいし、これこそオフラインショッピ
ングの醍醐味だなぁとしみじみ。会社にも着て
いけるリアルクローズなアイテムが豊富で、特
にオリジナルアイテムはコスパも高し。

買ってよかったもの

ジャケット　50000ウォンくらい

シンプルな厚手のジャケットは、夕方以
降冷えやすいソウルでは秋冬から春先ま
で大活躍。オフラインはソウル市内に3
店舗あり、店舗ごとに色が違うのでお気
に入り店舗をぜひ見つけてみて。

by MALLEE 漢南店　바이말리

住所	ソウル特別市 龍山区 漢南大路27ガキル5 (서울특별시 용산구 한남대로27가길5)
営業時間	12:00-21:00
定休日	月
Instagram	@mallee_official
online shop	http://www.bymallee.com
海外発送	不可

Soft Cabinets

これがソウルの「リッチ＆スポーティー」スタイル

ソウルを散歩中、漢南洞でよく見かけるリッチな雰囲気の男女（with犬）。ソウルの人々は年々ファッションがカジュアルになっているけど、昔のようなキメキメよりも、肩の力が抜けたスポーティーなスタイルが今っぽい。今年5月末に店舗がオープンしたばかりのSoft Cabinetsは、まさに「リッチ＆スポーティー」。時代の流れに乗ったデザインよりも、シンプルで本当に満たされる生活を送るためのアイテムだけを揃えたライフスタイルショップです。

買ってよかったもの

Little Garden T-Shirts White (S)
49000ウォン

スーパーベーシックなアイテム、白のコットンT。ユニセックスブランドなのでSは女性用、Lは男性用（ともにフリーサイズ）として、カップルルックにもグッド。オーバーサイズなので、スパッツやハーフパンツと合わせると今っぽさが出て可愛く、デニムやスラックスでも◎。オフホワイトやグレーなど色味が絶妙。

左からデザイナーのイ・シンウォンさん、社長のイム・キョンフンさん。とってもにこやかで穏やかなおふたり。

Soft Cabinets 소프트캐비넷
住所	ソウル特別市 中区 茶山路46キル16 （서울특별시 중구 다산로46길 16）
営業時間	13:00-19:00
定休日	月〜水
Instagram	@soft_cabinets
online shop	http://softcabinets.com
海外発送	不可

GROVE

他にはない
唯一無二的可愛さ

韓国の友達から「ここのオンラインショップが人気なんだよ」と教えてもらったショップ。狎鴎亭ロデオと漢南洞に店舗あり。流行を取り入れた旬なオリジナルウェアは、漫画『ご近所物語』に出てくるようなコケティッシュさのある、胸焦がされる可愛さ。しかも、着るともっと可愛い！カラーバリエーションも豊富で、全色買いたくなるカラバリセンスも、オンラインショップに載っている写真も、女心を捕らえて離しません。30代としてはほろ苦いような懐かしいような。見ているだけで「何か」欲しくなる、魅惑のブランド。

買ってよかったもの

21S/S RUEL KNIT／IVORY

62000ウォン

正直、全色可愛かった!!! けれど、顔映りが一番よかったアイボリーに。両袖のカラーが違うところも、カラフルなのもとっても可愛い。子どもっぽくなるかと杞憂したけれど、これは大人が着ても可愛いし、テンション上がります。

向かって左隣にあるフュージョン韓食「HO JOKBAN」は、個性的でおいしい韓食をいただけるのでおすすめ！しかし、常にウェイティングがある大人気店なので、実は待っている間にGROVEを覗くこともしばしば。時間を有効に使えて、大変ありがたいのです。

GROVE STORE 狎鴎亭店　그로브스토어 압구정점

住所	ソウル特別市 江南区 彦州路164キル 39 (서울특별시 강남구 언주로164길 39)
営業時間	11:00-21:00
定休日	インスタグラムを確認
Instagram	@grovestore
online shop	https://www.grovestore.com
海外発送	不可

Colette 9

可愛すぎるヴィンテージものに出会える

「シャネルはヴィンテージの方がもっと高い」とは、Colette9のスタッフさんの言葉。この
お店はカロスキルに位置するヴィンテージショップの中でも、服の状態がよく、何は無く
ともセレクトがすっごく可愛い! 他店と比べて価格が比較的高くても定期的に覗いてし
まうのは、ヴィンテージならではのレアものや、思わぬ掘り出し物があるから。前著でも
紹介したのに、しつこくもまた紹介しているのは、素敵なものが日々アップデートされて
いるため。「何も入らないであろうこのシャネルバッグが、10万円もするの?!」などと盛
り上がれるので、友人と一緒に行くと楽しさ倍増になるお店です。

買ってよかったもの

カルバンクラインの
ハイウェスト・麻パンツ　300000ウォンほど
クリスチャン・ディオールの
スカーフ　340000ウォン

麻素材なので涼しくて軽い！ 腰回りが細く華奢に見えるハイウェストパンツ。Urbanic30で購入した開襟シャツと合わせると、『ローマの休日』的クラシカルな雰囲気になって好き。クリスチャン・ディオールのスカーフは、1980〜90年代のものだそう。クラシカルな雰囲気を纏った時代のハイブランドものが好きで、つい集めたくなるのです。昔、表参道のパスザバトンで見かけた、ヴィンテージシャネルのサマーツイードのセットアップ、究極的な可愛さだったのに高価で買えなかったことを、いまだに悔やんでいます。

カロスキルのメイン通りは地価が上がりすぎたため、もはや大手企業しか出店できず、ローカル感が薄まってしまっているところが残念。ですが、メイン通りから外れた中に入って行くと面白いお店があるので、散策におすすめですよ。

Colette9　꼴레뜨나인

実店舗	ソウル特別市 江南区 狎鴎亭路14キル 28
	（서울특별시 강남구 압구정로14길 28）
営業時間	11:30-21:30
定休日	なし
Instagram	@colette9_official
online shop	なし

YUN seoul

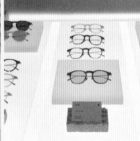

ブルーライトカットレンズに換えて、全部で180000ウォンほど。ここのアイウェアをかけると、一気に垢抜け顔に。

丁寧に作る自分のための眼鏡

仕事柄、1日中スマホ、iPad、パソコンを見ているため、少しでも目の負担を減らしたくて、ブルーライトカットレンズの眼鏡を購入。韓国はプチプラから高級品まで、数え切れないほどの眼鏡があるけれど、なかなか気に入ったものが見つからず。デイリーに使える、カジュアルで顔にぴったり馴染みつつクラシカルなものを探していたところ、ついに YUN seoul で発見！ 2015年にベルリンでスタートした韓国のアイウェアブランドで、30年以上のキャリアを持つ眼鏡業界のベテラン、ユン・チョルジュさんと、その娘であるファッションデザイナーのユン・ジユンさんがコラボレーションして誕生。機能性とファッション性を両立させたアイウェアをコンセプトにしているブランドです。

買ってよかったもの

ブルーライトカットメガネ

180000ウォンくらい

リムの細い、大正モダンな雰囲気の眼鏡に憧れるものの、私がつけると完全にただの「ごはんですよ!」になってしまうため断念。こちらのべっ甲柄は上品な雰囲気にしてくれます。すっぴん隠しにも、zoomミーティング中にも大活躍してくれ、使うたびに愛着が湧いています。

ものづくりの街・聖水洞(ソンスドン)にあるフラッグシップストアは、カフェ「wicker park (@wickerpark_seoul)」とドッキングしたユニークなスタイル。カフェでお茶しながら眼鏡を試せるのもいいし、スタッフさんも親切なのできっと楽しい体験になるはずです。

気に入ったものを見つけたら視力検査をして、自分に合うレンズを選んでもらい、鼻パッドや丁番もきちんと調整してもらいます。連絡先を登録しておけば、完成次第連絡があります(だいたい5日〜1週間ほど)。

YUN seoul 윤 서울

実店舗	ソウル特別市 城東区 峨嵯山路 66 1F (서울특별시 성동구 아차산로 66 1층)
営業時間	11:00-21:00
定休日	なし
Instagram	@yun.seoul
online shop	http://yun-berlin.com/
海外発送	不可

ofr.seoul / mirabelle

ソウルの小さなパリへようこそ

いろんな媒体で何度も紹介している ofr.seoul。次から次に素敵アイテムが出てきて、店主であるジスさんのセンスを愛しているので、またもや紹介しちゃいます。パリにあるアート書店 ofr.paris のソウル店として2018年にオープンし、瞬く間にソウルの若者たちから大人気のスポットに。オリジナルエコバッグ、キャップ、Tシャツなどアパレルグッズも人気ですが、私はオリジナルブランドである mirabelle のイタリアンリネンキッチンクロスや、テーブルクロスなどリネンものをよく買います。なぜなら、柄物のセレクトがとってもツボだから。さっとクロスをかければいつもと違う食卓風景を味わえて、料理をするにも気合が入る。何枚あっても使うからという言い訳とともに、コツコツと収集中。週末は大にぎわいなので、平日に行く方がゆっくりお買い物できるはず。

買ってよかったもの

Repins Ballerines

128000ウォン

豊富なカラーバリエーションと履き心地のよさで韓国女子たちの心を射止め、リピーター続出のバレエシューズ。元々欧州にしか納品していなかったフランスのブランドRepins ですが、韓国ではofr.seoulでのみ販売されています。カラーによってサイズが微妙に異なるとレビューに書かれていたので、クチコミを熟読しながらベーシックなカラー「Marine」の245サイズにしたところ、大正解！サイズもぴったりだし、実物の色も綺麗。柔らかな履き心地でどこまでも歩けそう。たくさん歩いて街を散策したいときにぴったりな一足。

ぷりんとしたカラフルでキッチュなデザインが可愛いアクセサリーは、YLYL (@ylyl_official)のもの。幸せだった子ども時代に戻れるような、心がキラキラときめくリング。

今年2月にパリからやってきたBoot cafeも、ofr.seoulが手掛けています。その土地ならではのカルチャーを大切にするofrの気骨を感じる、韓国とフランス文化をフュージョンさせた空間が素敵。お店で使われているグラスやマットは、ofr.seoulで購入可能。

ofr. seoul 오에프알 서울

住所	ソウル特別市 鍾路区 紫霞門路12キル 11-14
	(서울특별시 종로구 자하문로 12길 11-14)
営業時間	11:00-20:00
定休日	月
Instagram	@ofrseoul
online shop	https://mirabelle.shop/
海外発送	不可

onepound

ユニークなカップルが作る
デイリーカジュアル

16万人以上のフォロワーを持つインフルエンサーでもあり、いつもユニークな投稿をしている @onepoundboy さんが彼女と経営しているお店 onepound。今の韓国で人気なスタイル、カジュアルなスウェットやTシャツなどオリジナルアイテムがキュート♡「カップルルック」としても人気で、お揃いで着るとさらに可愛いさ増しまし。暮らしに楽しさやちょっとした喜びをもたらし、日々をハッピーにするコンテンツやウェアを提案しているブランドです。

買ってよかったもの

ショートパンツ

（現在は販売終了）

ウィンドブレーカーとショートパンツのセットアップとしても販売されていたもの。パステルグリーンが可愛く、シャカシャカとした軽い素材が楽ちんで、部屋着としても、ちょっと運動したいときにも使える、まさに THIS IS GOOD なアイテム。ベージュとネイビーも可愛かったので、買っておけばよかったと後悔……。

ラフに描かれたオリジナル ロゴ「BABY,THIS IS GOOD!」が可愛い。広々としたショールームがあり、試着も可能です。

日々の暮らしが垣間見えるような、抜け感ある写真も可愛いオンラインショップ。自社制作のマガジンも素敵なんですよ。

軍手

10000ウォン

必要なときにいつもない！ となる軍手も、可愛いものを見つけたときに買っておこうと購入。5セットもあったので、友達にもおすそ分けしました（笑）。

onepound 원파운드	
実店舗	ソウル特別市 龍山区 トゥトッパウィ路43 1F （서울특별시 용산구 두텁바위로 43 1층）
営業時間	14:00-20:00
定休日	なし
Instagram	@onepound.kr
online shop	http://onepoundworld.com/index.html
海外発送	可

Au REVOIR

家でも心地よく
好きなものを着ていたい

元々、ルームウェアにまでお金をかける人が少ない傾向にある韓国。日本に留学し、文化服装学院でファッションの勉強をされたデザイナー兼オーナーが、オーガニックコットンを使い、良質な素材で、家でも自分の好きな格好をして心地よく過ごしたいと始めたブランドです。シグネチャーアイテムはちゃんちゃんこ。グレージュやベージュなど、シックでセンスフルなちゃんちゃんこはキッズサイズもあるので、親子のご近所着としても人気です。

買ってよかったもの

Organic cotton sleeping suits
（Brown） **143000ウォン**

大人用のロンパースが新鮮。肌触りのよい、さらっとした着心地で快眠。ロンパース効果なのか素材のよさからなのか、これを着ると、しっかり眠りにつけるみたい。こざっぱりと快適に、心地よく過ごせます。

Au REVOIR 오흐부아흐

住所	ソウル特別市 松坡区 慰礼広場路188 アイオンスクエア502号
	（서울특별시 송파구 위례광장로 188 아이온스퀘어 502호）
営業時間	12:00-19:00
定休日	日月火
Instagram	@au.revoir_official
online shop	http://aurevoir.me/
海外発送	要相談

153

益善ヴィンテージ
（イク　ソン）

お手頃価格なヴィンテージ
ショップで IVY ルック

ソウルのスティルブックスで『TAKE IVY』を
35000ウォンで発見したとき、すぐさま購入し
たほど、昔からIVYスタイルが大好き。なので、
もちろんラルフローレン大好き芸人でもありま
す。EXOのスホも訪れていたカロスキルのラル
フローレンも、インテリアが素敵で大好きだし、
ヴィンテージショップで状態のよい掘り出し物
のラルフローレンシャツを見つけるのも大好
き！ 益善ヴィンテージは、ソウル市内に3店舗
もある人気店。ここは比較的状態がよく、可愛
いアイテムが多いので、オンラインオフライン
どちらもチェックしています。

買ってよかったもの

ラルフローレンの
ギンガムチェックシャツ
35000ウォン

白髪のおじいさんが着ていそうな赤いギンガムチェッ
クのラルフローレンシャツ。状態もバッチリ綺麗！ お
店のインスタグラムに上がっていたのを見つけて、一
目惚れ。すぐさまDM→入金し、購入しました。韓国の
ヴィンテージショップ・個人店などでは、購入したい
ものがあれば即入金→発送が主流。「ケチャ」と言い、
かなりポピュラーに使われている方法です。配送も早
ければ翌日には届くので、さすがバルリバルリ精神の
韓国（バルリ＝「早く」という意味の韓国語）。

益善ヴィンテージ3号店 익선동빈티지

住所	ソウル特別市 鍾路区 敦化門路11ダキル26 1F
	（서울특별시 종로구 돈화문로11다길 26 1층）
営業時間	12:00-22:00
定休日	なし
Instagram	@ikseondongvintage
online shop	https://www.ikseondongvintage.com/
海外発送	不可

BARBERSHOP

アメカジ好き集合！

韓国ではあまり見ないタイプのメンズウェアショップ。P150で紹介したofr.seoulとは目と鼻の先にあり、その影響か、以前は30代以上の男性のお客さんが多かったけれど、最近は20代の若い男性もよく訪れるようになったそう。海外のデザイナーとコラボしたカットソーやTシャツ、革靴、ローファー、ラガーシャツなど、日本文化を好きな韓国男性たちにとっては、たまらないだろうな！というラインナップ。家具にもこだわりがあるオーナーのセンスで選ばれた北欧家具や、お店のために特注したモダンなライトも見所です。

店員の住谷さん。日本にいたときはBEAMSに勤務していたそうですが、オーナーから誘われ韓国へ来て3年ほど経つのだとか。気さくで朗らかな方なので、ファッションの相談もしやすいはず。異国なのに、まるで日本にいるかのようにお買い物できます。メンズウェアショップなので、カップルや家族で行くとさらに楽しいはず！

BARBERSHOP 바버샵

住所	ソウル特別市 鍾路区 紫霞門路12 キル 17 1F
	(서울특별시 종로구 자하문로12길 17 1층)
営業時間	11:00-20:00
定休日	日
Instagram	@barbershop_co
online shop	https://www.barbershop.co.kr/
海外発送	不可

depound

天気も気候もよいときは、2階
のテラスで日光浴がてらのん
びりお茶するのもおすすめ。

日常にdepoundの感性を込める

ブランド創始者であるjodolさんが手掛けるデザインのファンなので、疲れているとき、
可愛いものに触れて癒されたいときに、ショップへと足が向きがち。2020年夏にオープ
ンした漢南洞のショップ&カフェは、一軒家をまるまる使った贅沢な造りになっていて、
品揃えも豊富。depoundの不思議なところは、ひとつ買うとまた違うものを買いたくなっ
てしまうところ。もう持っているのに、なぜ?? と自問自答。立ち上げ当初は、派手で目立
つデザインが多かった韓国。シンプルで落ち着いた飽きのこない快適なアイテムをと、
ブランドをスタートさせたのだそう。デイリールックに馴染みやすく、ネオ韓国らしいシ
ンプルシックな可愛さです。

買ってよかったもの

biscuit bag (S) exclusive
43000ウォン

リネンのバッグはLサイズと悩んだ結果、Sサイズを購入。小ぶりで黒のパイピングが施されているから、コーディネートをシックに引き締めてくれる。

hanging pouchi / beige
28000ウォン

軽くてたっぷり入るので、国内旅行の際に重宝しています。フックでポーチごと引っ掛けることができるところも便利。

pajama set / melange brown
145000ウォン

肌触りのよさとこの可愛さで、就寝時も幸せ。

店内にディスプレイされている彫刻は、私のガチ恋(?)アーティストで、韓国の人気バラエティ番組『ナホンジャサンダ』への出演で一躍人気になったキム・チュンジェ（@chungjizzle）さんの作品♡

B MY D - depound shop & cafe - 비마이디

住所	ソウル特別市 龍山区 大使館路５キル14 (서울특별시 용산구 대사관로 5길 14)
営業時間	13:00-19:00
定休日	インスタグラムを確認
Instagram	@depound_bemyd
online shop	https://www.depound.jp
海外発送	可（日本公式サイトあり）

オーナーのjodolさん（@jodol_world）。ご自宅も素敵で、オヌルウィチプ（P52）にもアップされているので、チェックを！

ANGELO BIANCO

セレブエリアで
手頃なアイテムが揃う

綺麗めな服が欲しいな〜という気分のときに覗く店。ロデオはソウルの中でもセレブエリアなので、ハイブランドが立ち並ぶイメージをお持ちの方も多いのでは（実際に立ち並んでいるけど）。でも意外と、手頃な価格のアパレルショップも多く、買い物が楽しいエリアでもあるのです。ワンピースやマーメイドラインが綺麗なスカート、パステルカラーのアイテムなど、フェミニンなアイテムが揃うこちらのお店は、洋服を購入するとカフェドリンクをサービスしてくれます。狎鴎亭（アックジョン）エリアはこのシステムの店が多い気がするのだけれど、なぜだろう。

買ってよかったもの

ペールピンクのセットアップ

150000ウォンくらい

シルクのような滑らかな生地と、さらっとした涼やかな肌触りで夏でも快適。私はパーソナルカラーがサマーなので、この色がドンピシャで合うのです。ちょっとマダム気分というか、優雅な気分になれるアイテム。淡いピンクのパンツは履き心地がよくてとっても楽！ バラで使え、着こなしの幅が広がるところもセットアップのよさ。ただ、夏場でも必ず薄手のカーディガンを一緒に持ち歩いています。

ANGELO BIANCO 안젤로비안코

住所	ソウル特別市 江南区 島山大路49キル8 1F
	(서울특별시 강남구 도산대로49길 8 1층)
営業時間	11:00-21:00
定休日	なし
Instagram	@angelobianco_official
online shop	http://angelobianco.co.kr/
海外発送	不可

rozley

フェミニン可愛い
アイテムが欲しいときに♡

年に数回やってくるコンサバ期。突如、コンサバなデザインのワンピースやシフォンのフレアスカート、モノクロのシックなワンピースなど、普段のカジュアルぶりを取り返すかのごとく、フェミニンな服を着たくなる時期があるのです。そんなときに購入することが多いrozleyは、自社製作のオリジナルアイテムがおすすめなのですが、セレクトものもプチプラで可愛い。そしてオーナーが美人すぎる！アイドルみたいに可愛くて、インスタライブまでチェックしているのです（もはやファン）。韓国の服はシンプルなアイテムでも、シルエットやデザインなど、どこかに女性らしさがあるところも好き。

買ってよかったもの

ドレッシュフレア
ロングスカート
44600ウォン

レディライクな雰囲気を纏わせてくれるフレアスカート。さらっと軽いシフォンのような生地感。淡いピンクなのに甘くなりすぎない、清涼感のあるアイテムです。

rozley 로즐리
実店舗 なし
Instagram @by_rozley
online shop https://www.rozley.co.kr/
海外発送 不可

BEAKER

世界中の憧れブランドが勢揃い

様々な物質を混合して、完全に新しい物質を作り出す実験ツール・ビーカーのように、様々なファッションとライフスタイルを自由に組み合わせて提案する、コンテンポラリーマルチショップブランド。メゾンキツネ、ヘルムートラング、カナダグース、アスペジなどの独占ブランドに、アメリカ、ヨーロッパ、アジアなどのグローバルブランド、人気の国内ブランドまで、200以上のブランドに出会えるショップ。韓国のトップスターのスタイリングを手掛ける超有名スタイリスト、ハン・ヘヨンさんとのコラボウェアや、海外のデザイナーとコラボしたヴァレンタイングッズ、パリジャンブランドRoujeのPOP UPなど、"BEAKERでしか見ることのできない"特別感たっぷりの豪華ラインナップで、いつも私たちを楽しませてくれます。

買ってよかったもの

キッチンマット

12000ウォンくらい

ソウルの森にあるデザートカフェVictorie bakeryとのコラボキッチングッズ。普段はテイクアウト専門店なので、イートインできるPOP UPにも感激したし、インテリアも激かわで、さすがの手腕でございました。

韓屋の一部が使われ、クラシカルな韓国を取り入れた空間ディレクション。新旧が融合したモダンインテリアで、ファッションだけでなくインテリアでも楽しませてくれます。

憧れのもの

Roujeの洋服

憧れてやまないパリのブランドRoujeのアイテム。ワールドワイドシッピングをしているオンラインショップだけれど、なかなか手が出ず、いつも苦虫を噛み潰したような顔で眺めているだけだったショップなのですが、まさか実物が見られるとは‼ そしてその、可愛さときたら‼! 血眼になりながら1点1点くまなくチェックして、シルエットの美しさ、絶妙なテキスタイル、丈感、肌触りを確認。本当はこういうのが欲しいけれど、手が出ずにいつも真似したような安物を買ってしまう……。そのお金を貯めていたら、買えたよね? もう安物買いの銭失いとは、いよいよグッバイシーズンだと決めました。

大好きなYouTube「チャンネル十五夜（채널 십오야）」の「麻浦オシャレさん」で、WINNERのミノとBlock bのピオ（推し）がファッション対決していた場所でもあります。

BEAKER 漢南店 비이커

住所	ソウル特別市 龍山区 梨泰院路 241 (서울특별시 용산구 이태원로 241)
営業時間	11：00-20：00
定休日	インスタグラムを確認
Instagram	@beaker_hannam
online shop	https://m.ssfshop.com/beaker/
海外発送	不可

10 Corso Como
Seoul

ミュージアムのような
ラグジュアリーセレクトショップ

高級百貨店、ハイブランド直営店などが集まる清潭に位置する 10 Corso Como Seoul は、
1990 年にミラノで誕生したセレクトショップ。ミュージアムのようなゴージャスな空間
で、ファッション、インテリア、音楽、アート、カフェといった、食事とハイエンドなショッ
ピングが楽しめます。韓国ではここにしかないブランドも入店。セレブ御用達ショップで
すが、知らないブランドやアーティストとの新しい出会いがあるのも魅力。また、アート
ブックが充実しているので、本を買いに行くことも。読む以外にも、装丁が素敵なアート
ブックをインテリアとして部屋に飾るのが、韓国でじわじわと流行っています。カフェラ
テ 1 杯 14000 ウォンと、さすが清潭なセレブリティ価格ですが、夜はバーとしても人気
で、優雅で華やかな雰囲気をたっぷり味わえます。

買ってよかったもの

FREITAG SHOULDER BAG /
F640 ROLLIN
288000ウォン

日本では定番アイテムですが、韓国ではここ1〜2年で男女共に若者人気が急上昇している印象。街中で本当によく見かけるアイテムです。使わなくなったトラックの幌を再利用したエコなバッグは、世界に一つしかないデザインというところも、一期一会感あり。気になるものと出会ったら、買わずにはいられないという魔法。涼しげで真っ青な色味に惹かれて購入。iPadとキーボードが入るので、お仕事カバンとしても使えます。ちなみにFREITAG狎鴎亭店（@freitagseoulapgujeong）では、商品を購入するとエコバッグ（6000ウォン）も購入可能。特大サイズなところも、デザインもお気に入り。

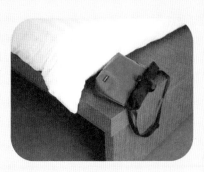

韓国では財閥が運営する美術館が多々あるけれど、こちらもそんな「財閥の遊び」感を覚えるゴージャスさ。

tamburinsの
ハンドサニタイザー
（000）6500ウォン
ハンドパフューム (FEY9)
14000ウォン

一時期売り切れ続出だったtamburinsのハンドサニタイザーとハンドパフューム。高級感ある香りと、肌に優しいところがお気に入り。

10 Corso Como Seoul 清潭店10꼬르소꼬모

住所	ソウル特別市 江南区 狎鴎亭路 416
	（서울특별시 강남구 압구정로 416）
営業時間	11:00-20:00
定休日	なし
Instagram	@10corsocomoseoul
online shop	http://www.10corsocomo.co.kr
海外発送	不可

163

Matin Kim

買ってよかったもの

Matin Kim ROUND SPAN BOOTS

100000ウォンほど（SALE価格）

見た目は他のブーツとそんなに変わらないものの、脚が綺麗に見えるシューズラインと、圧倒的な軽さと歩きやすさに驚き……！ 足の裏に柔らかな弾力を感じながら歩ける快適さ。ヒールを履いているときの疲労感や痛みを、かなり軽減してくれるブーツです。店頭でたまたまセールをしていて、しかもサイズもぴったりなシンデレラシューズという幸運！ 出会えたことに感謝。まさにシンデレラガール……。

クチコミで人気！
聖水にあるストリート系
ブランドのブーツ

私の情報源は、ソウル現地のおしゃれな友人や流行に敏感な大人たち。何よりも信頼しているしリアリティがあるので、いつもいろんなことを教えてもらっています。Matin Kimも、そんなブランドのひとつ。私がブーツを探していると「最近ここの靴がいいって人気だよ！」とアラサー友達が教えてくれたのです。ストリート感のあるブランドですが、シンプル好きの大人でも違和感なく取り入れられるアイテムも。靴はオンライン上で期間限定の受注販売をしたり、店頭で受注予約を受け付けています。

Matin Kim 마뗑킴

住所	ソウル特別市 城東区 クァンナル路4ガキル13
	（서울특별시 성동구 광나루로4가길13）
営業時間	12:00-19:00
定休日	インスタグラムを確認
Instagram	@matinkim_magazine
online shop	http://www.matinkim.com
海外発送	不可

CONVERSE KR

日本とは違うコンバース
アイテムに出会える！

コンバースコリアにはまだ「チャックテイラー」があったり、日本とは別モデルを販売していたりと、時折チェックするのが楽しい。韓国に住んでからというもの、ナイキ教になってしまったのですが（韓国の人ってなんでこんなにナイキが好きなの？というくらいナイキ率が高いんです）、時たますごくタイプのアウターを見つけたり、コンバースなのに軽いスニーカーに出会えたりして、最近また買う機会が増えています。Red Velvetのスルギも着用していたアウターは、今年大活躍でした。

買ってよかったもの

チャックテイラーオールスターCX
リミテッドエディション

130000ウォンくらい

このシリーズは、コンバースとは思えない軽さ！お値段は、定番品よりも少し割高。白にするか黒にするかで店頭で死ぬほど迷い、安パイな黒をセレクト。ショートブーツのようにも履けて何にでも合うので、かなり重宝しています。当然汚れも目立ちません。軽いということが一番の肝かも。やっぱり重かったり痛かったりすると、結局買っても履かないんですよね。ちなみに、チャックテイラーは日本未発売。

CONVERSE KR 明洞店 컨버스 명동점

住所	ソウル特別市 中区 明洞8キル 16-1 (서울특별시 중구 명동8길 16-1)
営業時間	11:00-21:30
定休日	なし
Instagram	@converse_kr
online shop	https://www.converse.co.kr/
海外発送	不可

CLOWNÉ

オーナーのこだわりが
詰まったアイテムだけ

しょっちゅう渡韓するようになる前から、ごく
ごくシンプルなウェアからフェミニン要素強め
な日本では見られないアイテムまで揃う、韓国
発オンラインショップDHOLICが大好きで、ほ
ぼ毎日のように真剣に向き合って(?)いました。
今でこそ、日本から買える韓国発オンライン
ショップは選びきれないほどあるけれど、数年
前、まだそこまでお店がなかった頃、CLOWNÉ
に出会ったときは、大人カジュアルを思いっき
り楽しめるアイテムとオーナーのセンスがとに
かく好みで、たちまち虜に！ それまでは、どち
らかと言うとフェミニン系のオンラインショッ
プが多かったこともあり、とても新鮮に映った
のです。

オーナーのセンスフルなセ
レクトと、細部までこだわり
抜いたオリジナルアイテム
たち。質のよさも推せます。

素材、シルエット、色味、袖の
膨らみ方や後姿の見え方、シ
ワのつき方、シチュエーション
ごとの服の見え方など、とにか
く「ここまで？」と思うほど細や
かなこだわりがあるからこそ、
ここで買えば間違いない！と
いう信頼感をくれるお店。

CLOWNÉ
実店舗　　　なし
Instagram　@clowne_chanhey
online shop　https://mintaky-clowne.myshopify.com/
海外発送　可

hinagiku /
My Little Essentials

韓国で作られた
オリジナルアイテムも！
東京で世界に触れる

雑貨バイヤー・ディレクターとして活躍する、美香さんのセレクトショップhinagikuと、オンラインショップMy Little Essentials。D&D seoul、ALANDの立ち上げで腕を振るった経験もあり、韓国にもゆかりの深い方です。こぢんまりと見えるお店の中には、美香さんの心眼美にかなった、心ときめくインテリアや雑貨、ウェアがぎっしり！宝探しをするかのように、棚の中、テーブルの下までくまなくチェックし、プロダクトの背景やストーリーを聞いていると、楽しくて時間があっという間に過ぎてしまいます。韓国で制作されているオリジナルアイテムは、甘さの匙加減が絶妙な枕カバーやクッション、ヌビの巾着など、どこか懐かしさを覚えるような可愛さが。

owner's comment

「朝目覚めてから眠るときまで、着るもの使うもの触れるもの眺めるもの、すべてが心満たすものであって欲しい。お店には、実用性の高いものもあれば、実用性はないけれど部屋にあるだけで幸せな気持ちになるものまで、心の機微に触れるものを集めています」

メイドインコリアのオリジナルアイテム！

hinagiku / My Little Essentials

住所	東京都渋谷区（詳細な住所は非公開のため、インスタグラムのDMにて問い合わせを）
Instagram	@hinagiku_tokyo
online shop	https://mylittleessentials.com/

韓国でのオリジナルアイテム制作時、実は私も現地で少し手伝っています。ものづくりのプロであり、目利きである美香さん目線は新鮮で学ぶことばかり。

嗚呼。憧れの韓国ブランド……。

写真：EENK

普段着にはできないし、なかなか気軽には購入できないけれど、ハレの日に着たい憧れのブランドがあります。

ひとつ目は「avouavou」。クラシカルで上品なワンピース。女性らしい美しいラインがとても綺麗で、写真を見ているだけで惚れ惚れします。カロスキルの店舗もたま〜に覗くのですが、行くたびにうっとり。本当に美しい洋服たちなんです。韓国のトップ女優が記者会見やドラマの劇中で着用している率がとても高いブランドでもあります。少女時代のテヨンも、可愛いレモンイエローのセットアップを着ていました。
Instagram @avouavou

ふたつ目は「EENK」。韓国のモデルやファッション業界人の着用率が高いブランドです。モード感溢れる洗練されたデザインが特徴。オーバーサイズのマニッシュなツイードジャケット、淡いオレンジストライプの柔らかなサロペットなど、異なるスタイルを魅せてくれますが、マニッシュなスタイルが特に素敵。媚びない可愛さと美しさを提案しています。
Instagram @eenk_official

みっつ目は「MINJUKIM」。世界中の優れたファッションデザイナーたちが、スターデザイナーになるチャンスを掴むために競い合う、Netflix制作のリアリティ番組『ネクスト・イン・ファッション』で優勝した、キム・ミンジュさんのブランドです。番組内でも、彼女の描く世界観と溢れ出る多幸感に視線を強奪されましたが、伝統的な韓国の風格を漂わせながら現代的。そしてやっぱり、色使いが最高……!! 古典を尊重しながらも、

今を生きるたくましさや自立した美しさ、チャーミングさを感じます。
Instagram @_minjukim_

　最後は韓服ブランド「Tchai kim」。前回の本でも紹介しましたが、本当に大好きで大好きで……。韓国の伝統文化を受け継ぎながら、時勢を取り入れた韓服は、華やかで圧倒される美しさです。目が飛び出そうな綺麗な色使いと独創性の高い配色、柄。韓国ドラマ『ミスター・サンシャイン』でキム・テリが着ていた韓服もこちらのもの。上品で鮮麗な韓服は、ドラマの内容を上回るほど印象的で、伝統を尊重しつつも革新的！ 動いたときの軽やかさ、シルエットの柔らかな美しさを何度も見たくて、テリちゃんが出ているところだけ繰り返し観ていました（笑）。ワンピース仕様の韓服も可憐で、結婚式の前撮り写真で着用する人も多いのだとか。韓服ウエディングも、ため息が出るほど綺麗。
Instagram @tchaikim_official

写真：Tchai kim

Bloom where you are planted

Korea
Cafe
People

愛する韓国カフェ。一番心惹かれるのは、その"空間"。

韓国のカフェシーンを作っていると言っても過言ではない、

独自の美学を持ったクリエイターたちを、

その魅力とともに紹介します。

Avecel／VFR & VERVE オーナー

ロ ジ さん

「可愛い」を集めた宝箱のような空間作りの名手

流行の移り変わりが激しい韓国で、長年カフェを続けることは容易ではありません。ただ流行のスタイルにしても一瞬だけ人気が出て、そのあとは砂城のように消えていくカフェが無数にある中で、2016年にショールーム＆カフェとしてオープンしたAvecelの長年にわたる人気ぶりは、オーナーでありディレクターのロジさんの確固たる世界観の賜物。彼女の手掛ける空間、ウェア、雑貨は「救心をください！」とのたうち回ってしまうほど、胸がいっぱいになる可愛さ。ただただ甘いファンシーではなく、ロジさんのお眼鏡にかなったヴィンテージ雑貨やインテリア。欧州など様々な場所を旅して、美しいものや綺麗なもの、"本物"をたくさん見てきた方なんだろうなぁと思います。ひとつひとつのものにストーリーを感じ、ノスタルジックな気持ちになる可愛い空間です。

カフェで販売されているお菓子のパッケージも、ずっと保存しておきたくなる可愛さ。トーストも、ふわっふわのシフォンケーキもおいしいし、シーズンメニューの苺ティラミスは毎冬の楽しみ！可愛いだけじゃなく、しっかりおいしくて細部のニュアンスまでこだわっているところにも、愛を感じます。

カフェへ行くたびに可愛い可愛いと、都度100回くらい呟いているはず（呪文?）。オーナー夫妻のお子さん、ハルくんの愛くるしい可愛さにメロメロ！日々成長を楽しみに見守っている赤の他人です。いつもファッショナブルでキュート！笑った顔がたまらなく可愛い、ハルくんは毎日の癒し。

2号店・Maison de Avecelも、プレオープン日に開店前から並んで待っていたほど大好きなカフェ。ロジさんが手掛けるブランドVER & VERVEで洋服も買うほど、ロジさんの作る世界観の大ファンなんです。

Avecel

住所　　　ソウル特別市 龍山区 トゥトッパウィ路69キル29
　　　　　　（서울특별시 용산구 두텁바위로69길 29）

Instagram　@avec.el

Maison de Avecel

住所　　　ソウル特別市 鍾路区 東崇4キル30-3
　　　　　　（서울특별시 종로구 동숭4길 30-3）

＊現在休業中。営業状況はインスタグラムを要確認。

SERVICE CENTER オーナー／クリエイティブディレクター

ミンさん

ヒップでスタイリッシュなカフェを手掛ける匠

BURGER SHOP、Werk roasters、CAFE SOMEMORE、Nice timeなど、挙げればキリが
ないほど、現地で人気が高いヒップなお店のディレクションを手掛けているミンさん。大
学でグラフィックデザインを専攻し、その後T-FPという空間デザインスタジオにブラン
ドデザイナーとして勤務。独立し、現在はSERVICE CENTERというスタジオを運営して
います。韓国のカフェや飲食業界、インテリア業界ではかなり有名な人物で、ソウル、釜
山、仁川と様々な場所にミンさんの足跡が。依頼者からしっかりヒアリングを行い、あく
までオーナーが求めるものを昇華させながら世界観を作っていくのだそう。いずれも一
時的なホットプレイスではなく、地元の人たちから愛されるお店ばかり（韓国では人気のあ
る場所、熱い場所のことをホットプレイス（Hot Place）または핫플（ハップル）と呼ぶ）。

owner's comment

「一時的な流行のホットプレイスよりも、近所の人々に愛され、長く続く空間であればいいなと思い、店作りをしています。今まで手掛けた中で特に印象深いのは、仁川にあるNice Timeというレストランです。オーナーシェフであるハン・イェチャン氏が昔修業していたニューヨークのレストランのキッチンに、"Make it nice"というスローガンがかかっていたという話からモチーフを得て、Nice Timeという名前をつけました。よい時間を過ごして欲しいという思いも込めたレストランは、今では多くの常連客に愛される場所になりました」
（Nice Timeの料理は本当においしいんです。byサリー）

Nice Time

住所	仁川広域市 延寿区 アートセンター大路 203 B棟141号
	（인천광역시 연수구 아트센터대로 203 B동 141호）
Instagram	@nicetime.kr

CAFE SOMEMORE

上品で洗練された柔らかな空間、でもエッジも忘れていない、甘辛バランスが素敵なカフェ。もちろん、ブランチもデザートもおいしい! こちらでいただいたトーストがとてもおいしくて、振り幅の広さは、クライアントの好みや意思をしっかりヒアリングし、考慮しながら制作することを大切にしているからこそ。

住所	仁川広域市 南洞区 仁荷路521番キル21
	（인천광역시 남동구 인하로 521번길 21）
Instagram	@cafe.somemore

手掛けたカフェ

Werk roasters

地下はまるでクラブのようなHIP HOPな雰囲気。店内でコーヒー豆をローストしているので、まずコーヒーがおいしい。コーヒー豆も購入できるので、コーヒー好きの方にはぜひ訪れてみて欲しいカフェ。2階は教会をモチーフにしたクラシックな空間で、一粒で二度おいしいならぬ、一箇所で2つの異なる空間を楽しめるカフェ。

住所	釜山広域市 釜山鎮区 西田路58番キル115
	（부산광역시 부산진구 서전로58번길 115）
Instagram	@werk.roasters

BURGER SHOP

釜山に西面、海雲台と2店舗を構える人気店。ハンバーガーがとにかく絶品! ガツンとインパクトのあるビーフと柔らかなバンズ、パンチの効いたおいしさは、リピートしたくなること間違いなし。

住所	釜山広域市 海雲台区 佑洞1路20番キル19 （부산광역시 해운대구 우동1로20번길 19）
Instagram	@burgershopbusan

空間デザイナー／空間の記号代表

キム・ギソクさん

昔からあるレトロな建物の中だけリノベーションした事務所は、クラシカルさと現代的なデザインが融合した空間。2階は展示場として活用されているので、ポップアップをしていることも。

清涼感あるミニマルな空間を
数多く生み出すデザイナー

Parched Seoul、Quarter Coffee、Ryul など、手掛けたカフェは数知れず。カフェだけでなくワインバーやギャラリー、クリニックや事務所など、幅広いジャンルの空間デザインを手掛けるインテリアデザイナーです。900軒以上の韓国カフェに通っているけれど、ギソクさんの作る空間は「あ、ここはギソクさんが作ったんだな」と感じ取れるから不思議。シックで無機質、ひんやりとクールな印象が強いけれど、敷居の高さを感じさせない居心地のよい空間が魅力。また空間だけでなく、店内で使われている家具や照明、ハンガーなどもデザインされています。ただ道を歩いているときに見かけたガードレールからも、デザインが思い浮かぶのだそう。日常の何気ないことからインスピレーションを得てデザインを起こすことが多いからこそ、日々の暮らしを大切にしているのだとか。

手掛けたカフェ

Parched Seoul

『韓国カフェ巡り in ソウル』でも紹介した、シックな隠れ家カフェ。隠れ家といいながら、連日たくさんの若者が訪れる梨泰院の人気カフェですが、ここにたどり着くまでに心臓破りの坂があるため要注意。シガーや灰皿など、オリジナルグッズが渋かっこいい。ギソクさんが空間デザインスタジオ T-FP 勤務時代に手掛けたカフェです。

住所　ソウル特別市 龍山区
　　　　緑莎坪大路 40 ダギル 3-3
　　　　(서울특별시 용산구 녹사평대로 40다길 3-3)

Instagram　@parched_seoul

Quarter Coffee

THE シンプルミニマル。和紙で作られた大きな照明が特徴的。横広い窓から明るい日差しが入ります。家具もギソクさんがデザイン。時折ソースが変わるパンナコッタも美味！ 無機質でマットなテーブルの質感と銀(アルミ？)食器とのコントラストが、たまらなく美しい。

住所　ソウル特別市 冠岳区
　　　　冠岳路 12 キル 99 1F
　　　　(서울특별시 관악구 관악로 12길 99 1F)

Instagram　@quartercoffee_

Ryul

昨年、三清洞にオープンしたワインバー。窓から見える山々が大都会・ソウルとは思えない癒しを与えてくれる。こちらでもギソクさんデザインの家具が使われていて、重みのあるブラックが空間にキレを入れています。

住所　ソウル特別市 鍾路区
　　　　北村路 5 キル 45 2F
　　　　(서울특별시 종로구 북촌로 5길 45 2층)

Instagram　@ryul.official

柔和な笑顔そのまま、朗らかなお人柄。

177

インテリアデザイナー／ design studio CAA 代表

クォン・エリさん

エリさんのショップdesign studio CAAには、世界中から集められた魅力的なヴィンテージ家具とインテリアが勢揃い。絶妙なアンバランス感がそれぞれのよさを引き立てています（Instagram @caa.designshop）。

異素材MIXな空間作りがかっこいいデザイナー

普段からソーシャルディスタンスをしているような、余白がたっぷりあるカフェが大好き。スチールアームにコンクリートの床、アルミサッシ。無機質な空間になりそうなのに、差し込む日の光、季節の小さな花々、深みのあるヴィンテージ家具。エリさんの作る空間は、暮らしの延長線上にある居心地のよさや気持ちよさ、シンプルさと潔さを感じることができます。こだわるというよりも、いつもほどよく適当にするように心がけているそう。元々あったかのような、洗練されすぎない少しだけぶっきらぼうな感じを表現。ミニマルにすることで際立つ、インテリアの持つ美しさや草花の可憐さ。決して手を抜いているわけではない、肩の力の抜けた独特な抜け感の秘密が少しわかった気がします。

aoc

景福宮近くにある、こぢんまりとしたシンプルカ
フェ。こちらで使われているトレーに一目惚れし、
CAAで購入しました♡

住所	ソウル特別市 鍾路区 社稷路 110 1F (서울특별시 종로구 사직로 110 1층)
Instagram	@aoc.kbk

cafe tuuli

おいしいデザートが食べたいときに。何時間でも
おしゃべりしていたい居心地のよさ。カフェで使
われているテーブルは、金沢で購入したそう。

住所	ソウル特別市 西大門区 弘済川路 198 (서울특별시 서대문구 홍제천로 198)
Instagram	@cafetuuli

room tove

人気すぎて、今や予約困難。エリさんらしい色遊
びとテクスチャーミックスがユニーク。インテリ
アや器、トレーなど、ひとつひとつの色合いも好き
すぎて悶絶。

住所	ソウル特別市 鍾路区 仁寺洞キル 62-4 (서울특별시 종로구 인사동길 62-4)
Instagram	@room.tove

EPHE COFFEE

こちらはエリさんデザインのインテリアを使用。
日本語も堪能なオーナー兼バリスタさんが、おい
しいコーヒーを淹れてくれますよ。

住所	ソウル特別市 麻浦区 圃隠路 134-1 1F (서울특별시 마포구 포은로 134-1 1층)
Instagram	@ephe.coffee

プロジェクトディレクター

チョ・ナムインさん

流行にあえて乗らない。
バリスタ目線でカフェ空間をデザイン

ソウルにローカルな個人カフェが続々とオープンし、カフェ文化が大いに盛り上がっていた2016〜17年。私自身もカフェ巡りに熱狂していた時期で、2泊3日のソウルカフェ巡り旅では、綿密な計画を立て1日8〜10軒カフェを巡っていたものです。そんなときに出会った、新村 Summit culture、解放村 UP.SIDE COFFEE などを手掛け、昨年ソウル・望遠洞に自身のカフェNOT BADをオープンさせたのが、空間デザイナー・プロジェクトディレクターのチョ・ナムインさん。彼の手掛けるカフェはシンプルでミニマル。太陽の光が燦々と降り注ぐ空間でおいしいコーヒーをゆっくり楽しめ、心からくつろげる空間。韓国語で楽しい思い出のことを「추억（チュオク）」と言いますが、まさに。旅の終わりに振り返っても日常の中でも、あぁいい時間を過ごせたなと思えるカフェばかりです。

owner's comment

「日本には、カフェでもディティールにこだわった個性豊かなお店がたくさんあるし、名店も、職人を守る文化もありますよね。韓国はそこが少し弱いです。カルビチムならカルビチム通りが出来るし、ホットプレイス（人気のある場所）が出来たらそこにぎゅっと同業店が集まる。一気に人気が出て、すぐに消えていくので、こだわりのある店が増えたらなと思います。カフェやコーヒーを好きな人たちが心ゆくまで楽しめる空間がずっと続くことを願っているし、それ以外も文化を心ゆくまで楽しめるカルチャーを作っていきたいですね」

20歳のときから約8年間、ロースターとして働いていたナムインさん。次第に空間デザインに興味を持ち、空間デザインスタジオT-FPに入社。空間デザイナー・プロジェクトディレクターとして活躍するに至ったそう。長年コーヒーの専門家として働いていたためバリスタへの理解度が高く、バリスタにとって居心地がいい楽な空間を作るべく、まずコーヒーワーカーとしての目線でデザインしているのだそう。

手掛けたカフェ

NOT BAD

おいしいコーヒーはもちろん、季節ごとに変わるドリンクメニューや自家製デザートもおすすめ。望遠洞のヒーリングカフェ。

住所　ソウル特別市 麻浦区
東橋路 28 2F
（서울특별시 마포구 동교로 28 2F）

Instagram　@not.bad.official

TACIT

江原道の海岸沿いにある一軒家スタイル。海に面した壁一面がガラスになっているので、沈む夕日を眺めながらゆったりとした時間を過ごせるヒーリングカフェ。ちなみに、ギソクさん（P176）も一緒に手掛けたお店。

住所　江原道 高城郡 土城面 清澗亭キル 25-2
（강원도 고성군 토성면 청간정길 25-2）

Instagram　@official.tacit

Summit culture

コーヒー豆はお店でロースト。おいしいコーヒーが飲みたいとき、ちょっと休憩したいときに訪れたくなる場所。コーヒー豆は購入可能。

住所　ソウル特別市 麻浦区
新村路 14 アンキル 11
（서울특별시 마포구 신촌로14안길 11）

Instagram　@summit.culture

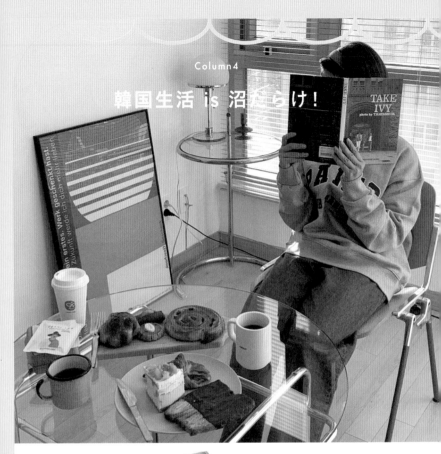

韓国生活 is 沼だらけ!

オンラインショップminitmute (@minitmute)で購入した財布。コンパクトだけど、これでも十分。オンラインショップで買ったものが大正解だと、さらに物欲に拍車がかかってしまう。ここは日本からも購入可能です。

今回、本には載せることができなかったオンラインショップやお店が実はまだ、たくさんあります。特にオンラインショップは、愛してやまないオンラインセレクトショップ29CM（ZOZOTOWNに近いかも）や、日常で使うものがなんでも揃う「クーパン!」など、ほぼ毎日見ているECサイトがたくさん。特に29CMは、新たなブランドとの出会いがあるし、雑誌を読んでいるような垢抜けたディレクションもイケてる感満載。韓国ブランドとコラボレーションしたリミテッドエディションも素敵なものだらけで、ノンストップ物欲。

韓国のほぼすべてのアパレルECが買えるのでは!? というアプリ「zigzag」。一度ハマったら抜けられまへんで。

29CM

韓国カフェのように、韓国のVlogerのように! 今年こそ、もっとまとまりのある自分が好きな世界観の部屋にしよう! と本書制作中、強く思ったものです。元々、韓国カフェでは空間作りのために店主自らDIYしているというお店が多かったのですが、昨年からステイホームの影響もあり、インテリア熱上昇中の韓国ではお部屋をDIYして可愛くプチリノベーションしている若者が増えています。インテリアデザイナーさんたちは、古い家を買って好きなようにリノベして暮らしている人が多かったのですが、SNSやYouTubeでルームツアーやリノベ方法などアップしている人が増えたので、その影響もあるのかも。

韓国では壁をペンキで塗ったり、壁紙を貼ったり、リノベーションを日本より気楽にやっている印象。DIY用のタイルや床のパネル、壁紙など可愛いパーツがたくさん売られていて、気軽に買えるんです! これもまた、インテリア沼。オンラインショップも沼だし、沼だらけ。ええ、自ら楽しく入っていっているんですけどね。

韓国のお買い物お役立ちメモ

韓国でお買い物する際に知っておくと便利な韓国語や、情報をまとめました。

今は翻訳アプリもあるので、自分に合った方法で試してみて。

役立つ韓国語

試着してもいいですか？── 입어봐도 돼요? **イボボァドドゥェヨ？**

履いてみてもいいですか？── 신어봐도 돼요? **シノボァドドゥェヨ？**

もっと大きなサイズはありますか？── 더 큰 사이즈 있어요? **ト クンサイジュ イッソヨ？**

もっと小さなサイズはありますか？── 더 작은 사이즈 있어요? **ト チャグンサイジュ イッソヨ？**

袋は必要ありません ── 봉투는 필요 없어요 **ポントゥヌン ピリョオプソヨ**

＊会計時に必ず
袋やショッピングバッグは必要ですか？── 봉투나 쇼핑백글 필요 해요? **ポントゥナ ショッピンベグル ピリョヘヨ？**
と聞かれるので、
必要ないです ── 필요 없어요 **ピリョオプソヨ** というだけでも伝わります。

袋をください ── 봉투 주세요 **ポントゥ ジュセヨ**

日本まで配送は可能ですか？── 일본까지 배송은 가능해요? **イルボンカジ ペソンウン カヌンヘヨ？**

配送料はいくらかかりますか？── 배송비 는 얼마나 드나요? **ペソンビヌン オルマナドゥナヨ？**

これはいくらですか？── 이것 얼마예요? **イゴオルメェヨ？**

写真を撮ってもいいですか？── 사진을 찍어도 돼요? **サジン ッチゴド ドゥェヨ？**

他の色を見せてください ── 다른 색상을 보여주세요 **タルンセッサンゥル ポヨジュセヨ**

ショッピングバッグをください ── 쇼핑백 주세요 **ショッピンベッ ジュセヨ**

これをください ── 이것 주세요 **イゴ ジュセヨ**

新しいものはありますか？── 새로운 것 있어요? **セロウンゴッ イッソヨ？**

また来ます ── 또 올게요 **トッ オルケヨ**

ありがとうございました ── 감사합니다 **カムサハムニダ**

（店に入るとき）こんにちは ── 안녕하세요 **アンニョンハセヨ**

（店を出るとき）さようなら ── 안녕히 계세요 **アンニョヒ ゲセヨ**

＊文末の주세요（ジュセヨ／ください）を주시겠어요?（ジュシゲッソヨ？／くださいますか？）にすると、より丁寧なニュアンスになる。
例）다른 색상을 보여주시겠어요?（他の色も見せてくださいますか？）

知っておくと便利な用語

スカート──치마（チマ）、스커트（スコートゥ）

ズボン──바지（パジ）

パンツ──팬츠（ペンチュ）

ワンピース──원피스（ウォンピース）

トップス──톱（トッ）

靴──신발（シンバル）、구두（クドゥ）

サンダル──샌들（センドゥル）

スニーカー──운동화（ウンドンファ）

ブーツ──부츠（ブチュ）

靴のサイズ

1…日本より大きなものを選ぶ方が安全

2…サイズ表記が異なるので要注意！

＊英語読みorスマホで見せて店員さんに伝えましょう。

日本	韓国
22.5	225
23	230
23.5	235
24	240
24.5	245
25	250
25.5	255
26	260
26.5	265
27	270
27.5	275

TMI (too much information)

・韓国人と日本人では男女ともに肩幅のサイズ感が違うので、レディースでオーバーサイズを選ぶと、日本人の体型には合わないことも。オーバーサイズのアウターは要注意！

・撮影するときはひとこと声をかけるとよし。インテリアショップは特にですが、商品をアップで撮影することや撮影自体NGのお店もあります。

・お店に入るとき、爽やかに挨拶すると、ちょっと気分よく過ごせます。

・Papago（翻訳アプリ）が優秀なので、ぜひダウンロードを。翻訳クオリティもどんどん上がっていて、大抵のことはきちんと翻訳してくれる頼れるアプリです。

・照明器具や電化製品は日本と配線・ボルトが違うので、ご注意を。日本仕様に換えないと使えません。

・弘大（ホンデ）と건대（コンデ）の発音が日本人には非常に難しく、カタカナ表記で読んでも現地の人に伝わらないので、タクシーで向かうときは住所を写真やメモで見せて視覚で伝えることをおすすめします。この2か所、逆方向なので間違えたらかなりの時間ロスに……。

・店員さんとお話しするときは、基本的に敬語を使うのがよし。ソウルの街中で、よくスタッフさんにタメ口＊で話しかけている観光客を見かけますが、韓国では礼儀がない行為にあたるので、日本語でも韓国語でも基本的に敬語を使うことをおすすめします。

＊英語など、敬語のない言語は別として。

＊最近は明洞、カロスキルなどの観光地でも日本語が通じない場所がほとんどなので、Papagoで翻訳した画面をそのまま見せると楽です。

最近の韓国事情と便利なアプリ

韓国でショッピングを楽しむ際に参考にして欲しい最新情報と、
旅を手助けしてくれる便利なアプリをご紹介します。

QRチェックインとは？

韓国旅行ができるようになったときにどうなる
かは不明ですが、2021年7月現在韓国ではコロ
ナ感染対策として、お店に入るときにQRチェッ
クインが必要です（デパートなど大規模な施設は赤
外線カメラで体温チェックされます）。カカオトーク
にある「#コロナ19」ページからQRチェックイ
ンを押し、QRが表示されたら店頭にある端末
にかざしてスキャン。カカオと連携することで、
QRに韓国の住民登録番号（外国人なら外国人登録
証）が紐付けされ、個人の追跡ができる仕組みに
なっているそう。

店頭にはスマホやタブレットなど、スキャン
用の端末が置いてあり、これにQRをかざせば
OK。

バス乗車時に気をつけたいこと

現在はマスクをしっかり着けておかないと乗車できません。またテイクアウトドリンクのバスへの
持ち込み乗車は禁止です。ペットボトルをバッグに忍ばせておけば問題ないですが、テイクアウト
カップを持ったままバスには乗れません（乗車拒否されます）。ご注意を。
ちなみにソウル市内を走るバスはとても便利。バス専用道路があるのでとにかく早いし、地下鉄乗
り換えが不便な場所でもバスなら1本！と、楽なことも多いのです。しかし、とにかくスピード感が
満載。乗り降りにもスピード感を求められ、運転も荒いので、子ども連れのときや年配の方がいらっ
しゃるとき、また酔いやすい人にはあまりおすすめできません。韓国の交通カードT-money（Suica
のようなカード）はコンビニでも料金チャージできますよ。ただし、現金のみ！

T-moneyカードには、
様々なデザインのも
のがあります。私は、
大好きなK-POPグ
ループ・EXOとNCT
のカードを愛用。

コネスト

私の周りでは「コネストがあれば大丈夫」という人が多い、どんな情報でも載っている韓国情報サイトのアプリ版。日本語で書かれた地図がとにかく便利。日本語・英語・韓国語で、道路名でも地番住所でも住所を検索できて、便利ったらありゃしない。グルメ、エステ、文化体験など、韓国旅行で知りたいあらゆる情報が網羅されています。

カカオタクシー

タクシー配車アプリ。現在地と目的地を設定してタクシーを呼べば、スムーズに目的地まで連れて行ってくれます。登録されたドライバーさんたちなので安心。タクシーの種類も選べ（値段がそれぞれ異なります）、ご年配の方やゆったりと移動したい方には「ベンティ」がおすすめ。大型車なので広々と座れ、韓国タクシー独特の運転の荒っぽさを感じず、スムーズに移動することができます。またベンティの運転手さんたちは、今までの経験上、穏やかな人たちが多いように感じます。車内に加湿器が設置されていたり、充電器が使えたりととても快

適！ すごく疲れているときや大荷物のとき、ベンティにお世話になっています。出退勤時など混む時間帯は、ドライバーさんが捕まらないことも。

カカオマップ
NAVER Map

韓国はGoogleマップが弱く、詳細な地図が表示されないことがよくあります。もしハングルの読み書きができるのであれば、地図アプリならカカオマップかNAVER Mapがダントツで便利！ 現地の地図なので、細かい情報まで表示されますよ。

Subway (korea)

ソウルの地下鉄路線図。移動時間、乗り換え情報などを簡単に調べることができます。地下鉄での所要時間がすぐにわかるので便利。設定を切り替えれば、郊外の釜山・大邱・大田・光州の地下鉄路線図も表示されます。

韓国旅ガイド

韓国観光公社が提供するアプリなので、最高の信頼感。何がすごいって、アプリを立ち上げればすぐに、韓国の観光に関する問い合わせが日本語でできる1330へ通話可能。困ったときはそのまま電話できる優れものです。

papago

翻訳アプリ。テキスト、音声、写真の認識が可能な優れもの。写真は特にすごくて、例えばハングルで書かれたメニューの写真を撮り、翻訳したい箇所を指でなぞると、そのまま翻訳してくれるんです！ すごい！ ドラえもん！ たまに変な翻訳になっていることももちろんあります（笑）。でも、とにかく便利。カフェに行ったときも、韓国滞在中の様々な場面でかなり使えるので、ぜひダウンロードを。

韓国旅で困ったとき

韓国観光公社が提供する「観光通訳案内電話1330」

韓国の観光についての問い合わせに、日本語、韓国語、英語、中国語、ロシア語、ベトナム語、タイ語、マレー・インドネシア語で答えてくれるサービス。韓国を旅行中でも、日本からでも、24時間利用できます（一部言語は8〜19時）。困ったときは、プロに聞きましょう！

Wi-Fi or SIM について

個人的な体感としては、日本より韓国にいるときの方がネットのストレスがないです。速度制限を気にしたこともないし、カフェにはどこだってWi-Fiがあるし、ネット回線が遅いな……と感じることはほぼ皆無。私は韓国旅行するとき（日本のモバイルはSIMフリー契約）、KoreainfoでSIMレンタルしていました。SIMを入れ替えるだけでネットは使い放題だし、Wi-Fiルーターの充電も、速度制限を気にする必要もなく、ストレスフリー！ ただし、その間日本の携帯番号は使えません。
韓国カフェは、ほぼすべての店にWi-Fiがあると言っても過言ではないほど普及しています。とはいえ、その店に行くまではWi-Fiがないとネットで地図も見られないので、移動中でもネットが使えるよう、Wi-FiルーターかSIM、自分に合ったものをレンタルして旅することをおすすめします。

海外旅行保険について

保険は死ぬほど大事！ まず、旅行者が韓国の病院にかかると医療費は10割負担となります（日本の保険も使えるらしい）。例えば、事故に遭ってしまったとき、急に具合が悪くなったとき、入院しなければならなくなったとき。保険に入っていないと、費用は全額負担することになります。以前日本から訪韓した友人がソウルにいるときに肝炎になってしまい、韓国の病院で検査することに。CTスキャンなどもとったため12〜13万円の費用がかかりましたが、ちゃんと海外旅行保険に入っていたので、かかった代金はほぼ戻ってきたそう。加入している保険によって決まりがあるので、出国前に必ず確認を。保障は手薄ですが、クレジットカードに付帯している保険もあるそうです。

もしものときの緊急連絡先

観光警察

観光地での犯罪予防や不法行為の取り締まりだけでなく、観光苦情処理、観光案内など様々なサービスを提供している観光警察。観光地で不当な待遇を受けたときなどは、青いジャケットに黒いベレー帽を被った観光警察に通報すれば、迅速に対応してもらえます。
(英語、日本語、中国語、スペイン語などでの観光案内および通訳)
なお、観光警察へは最寄りの案内センターに行くか、1330観光通訳案内電話まで電話で連絡を。(海外からは+82-2-1330 ＊日本語可)
http://jp.koreatouristpolice.com

主な案内センター情報

明洞案内センター

住所	ソウル特別市 中区 明洞キル 14
	(ロッテヤングプラザの向かい側、明洞地下ショッピングセンター15番出口前)
運営時間	10：00-22：00 年中無休

弘大案内センター

住所	ソウル特別市 麻浦区 西橋洞 365-28
	(KT&G サンサンマダン近くの弘大第1公営駐車場)
運営時間	10：00-21：00 年中無休

東大門案内センター

住所	ソウル特別市 中区 乙支路6街 18-12
	(斗山タワー(ドゥータ)前)
運営時間	10：00-21：00 年中無休

梨泰院案内センター

住所	ソウル特別市 龍山区 梨泰院洞 34-2
	(緑莎坪公園内)
運営時間	10：00-18：00 年中無休

韓国に住んでからというもの、
旅行で来ていたときよりもさらに幅広くお買い物ができるようになり、
オンラインショップはもちろん、一時期は偵察がてら週2、3回は
東大門の卸市場へ通ったり、路面店へ足を運んだり、
ジャンルは問わず「可愛い! 素敵!」と思ったものを集めていました。
可愛いけど実際に着てみたらどうだろう、
家に置いてみたらどうだろう、
あの作家さんの展示が開催されているから行かなきゃと
好奇心は尽きず、むしろどんどん広がるばかり。
自分の好みを理解しているつもりでも、
日々新たな発見があるので自分規格をポンッと越えてくる
新鮮なものとの出会いは楽しいのです。

韓国は目まぐるしく流行が変化するし、
人気のデザインのパクリも多いのですが (苦笑)、
以前、韓国伝統文化の本に掲載されていた韓服が19世紀のものなのに、
まったく古さを感じさせない、むしろ今っぽい鮮やかで上品な配色で、
それを見て韓国ならではの感性や色使い、根底にある美的感覚、
センスは変わらないんだとハッとしました。
そして私はその魅力に、驚くほど惹きつけられているのです。

物自体は同じでも、見せ方や写真の撮り方、ディレクション力、
韓国の人たちの空間作りのセンスが本当に好きで、尊敬しています。

私が、韓国のセンスが大好きなんだ！ と話すと、
韓国の友人やカフェの方たちからは、たいてい
「日本にも可愛いお店やかっこいい建築、たくさんあるじゃん」と、
日本の美しいものを教えてもらうことがよくあります。
お互い国の外から見るからこそ、
違う見方・感じ方ができるのかもしれません。

夕暮れのソウルに広がる、淡い紫と薄いピンクのグラデーションの空。
漢江を渡るときの高揚感、大陸感あるダイナミックな建物。
せっかちなバス、肌を突き刺してくる寒波。
早朝、どこからともなく漂ってくるコーヒーの香り。
モノだけでなく、こんな日々の暮らしの些細なことにも
韓国らしさを感じ、たまらなく幸せに思うので完全に恋。
この恋が続く限り、韓国で素敵なものを探し続けるつもりです。

この本を読んでくださっているみなさま、
ご協力いただいた韓国のみなさま、
いつも辛抱強く力強く引っ張ってくださる青柳さん、安田さん。
販売してくださる営業部のみなさま。全国の書店員さま。
今回も素敵なデザインを作ってくださった中村さん。
今回も可愛いイラストを描いてくださった堂坂さん。
本当にありがとうございます！

最後に、いつも応援し、見守ってくれている祖父にこの本を捧げます。

Hello Future! #saliy_3rdwin

2021.7.4 東山サリー

SHOPPING IS CHEAPER
THAN THERAPY

KOREA SENSE

著者　東山サリー

2021年8月25日　初版発行

発行者　横内正昭

発行所　株式会社ワニブックス

〒150-8482　東京都渋谷区恵比寿4-4-9えびす大黒ビル

電話　03-5449-2711（代表）

　　　03-5449-2716（編集部）

ワニブックスHP　http://www.wani.co.jp/

WANI BOOKOUT　http://www.wanibookout.com/

印刷所　株式会社光邦

DTP　株式会社オノ・エーワン

製本所　ナショナル製本

文・写真　東山サリー

デザイン　中村 妙（文京図案室）

イラスト　堂坂由香

撮影協力　アン・ジヨン（pine studio）

制作協力　チョン・ドンウ（Ofco house）

　　　　　jojo（Studio Kinjo）アンちゃん

　　　　　キム・テヒョン

校正協力　戸田彩香

校正　聚珍社

編集　青柳有紀　安田 遥（ワニブックス）